LPDC
Sprachen in Wirtschaft und Technik
Reihe D · Deutsch

Hans Wolfgang Wolff

Geschäfts- und Verhandlungssprache Deutsch

Band 1:
Das Vorstellungsgespräch

MAX HUEBER VERLAG

ISBN 3–19–00.9681–3
© 1974 Max Hueber Verlag München
4 3 2   1981 80 79 78 77
Die jeweils letzten Ziffern bezeichnen Zahl und Jahr des Druckes.
Alle Drucke dieser Auflage können nebeneinander benutzt werden.
Schreibsatz: Brigitte Schneider, München
Druck: G. J. Manz AG, Dillingen
Printed in Germany

Geschäfts- und Verhandlungssprache Deutsch

Das Lehrwerk für Geschäfts- und Verhandlungsdeutsch behandelt die wichtigsten Themen des Geschäftslebens.

Lerneinheit 1: **Das Vorstellungsgespräch**

Begrüßung des Bewerbers, Sachbearbeiter in der Personalabteilung, Gehaltsfragen, Aufstiegschancen, Renten- und Arbeitslosenversicherung, Krankenkasse, betriebliche Altersversorgung, Weiterbildung, Ausbildung, gleitende Arbeitszeit, Urlaub, Kündigungsfrist.

📖 9681   ◯◯ 2.9681   ⊙⊙ 3.9681

Lerneinheit 2: **Ein günstiger Einkauf**

Schwierigkeiten mit dem Auftrag, Stahlpreis- und Lohnerhöhungen, Einkauf in den Ostblockstaaten oder der EG, Floating und Streiks, Abschluß zum Festpreis, Preisgleitklausel, Exportvergütung, Aufwertung, Exportkreditversicherung, Konventionalstrafen für Lieferverzug, Kollilisten.

📖 9682   ◯◯ 2.9682   ⊙⊙ 3.9682

Lerneinheit 3: **Die Dienstreise**

Reise nach Neu-Delhi, Ablösung, Unterkunftprobleme, Hilfe durch die örtliche Vertretung, Lebenshaltungskosten, Tarifabkommen, Kostenlage und Arbeitszeit, Auslösung, Regreßpflicht der Firma bei Unfällen, Geldumtausch, Eröffnung eines Akkreditivs, Ausrüstungszulage, Doppelbesteuerungsabkommen.

📖 9683   ◯◯ 2.9683   ⊙⊙ 3.9683

Lerneinheit 4: **Eine harte Verkaufsverhandlung**

Garantieverhandlung, Materialqualität und Anlagenleistung, Änderungswünsche des Kunden, Sicherheitsreserve, Umweltverschmutzung, Mängel, Konventionalstrafe, Geld verdienen mit der Pönale, Risiko der Anlagenstillegung, Begrenzung der Zugeständnisse.

📖 9684   ◯◯ 2.9684   ⊙⊙ 3.9684

Lerneinheit 5: **Versand über die Grenzen**

Akkreditive, Reklamation, Warenverkehrsbescheinigung, Zollpräferenzen, Vorlieferantenerklärung, Lieferung frei Baustelle bzw. fob, Lademaßüberschreitungen, Transporte per Bahn und Schiff, Verzollung, Vorplanung mit Spediteuren, Bestimmungen für den Export von Großanlagen, Einfuhrabgaben, Speditionsvertrag, Ausfuhrerklärung.

📖 9685   ◯◯ 2.9685   ⊙⊙ 3.9685

Lerneinheit 6: **Das neue Produkt**

Vorteile des neuen Produkts, Qualität und Wirtschaftlichkeit, Demonstration, Kostenvorteile, Lieferzeit, Materialverbrauch, Provisorische Anlage oder Lohnbeschichtung, Rabattdiskussion, Service.

9686   2.9686   3.9686

Lerneinheit 7: **Ein Fall für den Computer**

Überlastung der Schreibkräfte, Hilfe von der Abteilung Organisation und Datenverarbeitung, Rationalisierung, Reservierung von Fertigungskapazität, Systemanalyse, Entwurf für ein neues EDV-System, Abrufbare Informationen, Bildschirmterminal, Schutz vor Datenmißbrauch, Schulung der Mitarbeiter.

9687   2.9687   3.9687

Lerneinheit 8: **Das erfolgreiche Angebot**

Suche nach Kaufleuten für die Projekt- und Angebotsabteilung, Bedarfsanalyse, Kundeninformation, Akquisitionsbesuche, Prüfung der Anfrage, Kriterienkatalog für Projektbearbeitung, Schätzangebot, Zahlungsbedingungen, Umweltschutz, Abgrenzung der Lieferungen und Leistungen.

9688   2.9688   3.9688

Lerneinheit 9: **Ein Finanzierungsproblem**

Ausschreibung, Angebot, Letter of Intent, Lizenz und Engineering, Lieferantenkredit mit Kreditversicherungsdeckung, Refinanzierung, Kapitalhilfekredit, Umschuldungsverhandlungen, Käuferkredit, Liefervertrag, Kreditversicherung durch E.C.G.D., Versicherungsantrag, Finanzabkommen mit der Bank.

9689   2.9689   3.9689

Lerneinheit 10: **Gute Geschäfte im Ausland**

Geschäftsmöglichkeiten im Ausland, Konkurrenz in COMECON-Ländern, Kreditversicherungsdeckung, Bau- und Devisengenehmigungen, Akquisition über Tochtergesellschaft, Aufbau von Vertretungen, Gesetzgebung und Geschäft, Langfristige Finanzierung, Länderrisiko, Verkaufsvertrag mit Festpreis.

9690   2.9690   3.9690

Handbuch zum Audio-Kurs

9680

Glossare zu Lerneinheit 1 bis 10 von I. Thier und H. W. Wolff

Deutsch—Englisch   2.9680

Deutsch—Französisch   3.9680

Deutsch—Spanisch   4.9680

Vorwort

Das vorliegende Programm gehört zu der Serie „GESCHÄFTS- UND VER-HANDLUNGSSPRACHE DEUTSCH", die ihrerseits einen Bestandteil der LPDC-Reihe *„Sprachen in Wirtschaft und Technik"* bildet. Die Serie wendet sich besonders an Lernende mit guten Grundkenntnissen, die ihre Hörverstehens- und Sprechfähigkeit in praxisnahem Industrie- und Wirtschaftsdeutsch vervollkommnen wollen.

Ausgangspunkt sämtlicher Programme sind Tonbandaufnahmen realistischer Dialoge.

Die Serie „GESCHÄFTS- UND VERHANDLUNGSSPRACHE DEUTSCH" führt zum aktiven Gebrauch des Deutschen im Geschäftsleben. Im Maße des Fortschreitens in der Serie wird das Hörverständnis der Lernenden so weit geschult, daß sie Fachdiskussionen gut folgen und über deren wichtige Punkte Auskunft geben können. Der Erreichung dieses Ziels dienen die zahlreichen, an Geschäfts- und Wirtschaftsthemen orientierten Dialoge und die Audio-Testeinheiten.

Mit dem gleichen Nachdruck wird die Sprechfähigkeit gefördert. Die Arbeit mit diesem Kurs versetzt die Lernenden in die Lage, Fachgespräche zu führen und sich in allen wichtigen Situationen einer Fachdiskussion zu behaupten. Dieses Ziel wird erreicht durch ständiges und vielfach variiertes Üben im dialogischen Sprechen und Anwenden stereotyper Satzmuster, wobei für die Übungen ausschließlich Wortschatz und Strukturen Verwendung finden, die in den Dialogen vorgegeben sind.

Dialoge und Übungen der Serie sind sprachliche Aktion und Reaktion, die in Frage und Antwort, Aussage und Stellungnahme, Behauptung und Widerspruch zum Ausdruck kommen.

Zwar haben Hören und Sprechen klaren Vorrang, doch werden in jeder Lerneinheit auch die Fähigkeiten des Lesens und Schreibens gefördert.

„GESCHÄFTS- UND VERHANDLUNGSSPRACHE DEUTSCH" bietet den Lernstoff in wohlabgewogenen, abwechslungsreichen Lernschritten, die sich etwa zu gleichen Teilen auf das Buch und das Tonband als Medien verteilen.

Der gesamte Audio-Kurs besteht aus zehn Lerneinheiten. Im Klassenunterricht bietet er bei zwei Übungsstunden pro Woche (und täglich etwa 15 Minuten „Training") Stoff für etwa ein Unterrichtsjahr. Der Kurs ist hervorragend geeignet für den Klassenunterricht im Sprachlabor und in Klassen, die über wenigstens ein Tonbandgerät verfügen. Andererseits machen die präzisen Lernanweisungen, die ein- und zweisprachigen Glossare sowie das umfangreiche Tonbandmaterial diese Serie zu einem Unterrichtswerk, das auch lehrerunabhängig mit Hilfe eines Cassetten-Recorders durchgearbeitet werden kann. Der wirtschaftsorientierte Selbstlerner wird es begrüßen, daß dieses Sprachlehrwerk gleichzeitig zahlreiche Sachinformationen aus dem Wirtschafts- und Berufsleben enthält.

Die Entwicklung dieser Programme wäre ohne den Rat und die Hilfe zahlreicher in Industrie und Wirtschaft tätiger Fachleute nicht möglich gewesen.

Der Verfasser dankt insbesondere:
den Herren W. Abt, K. Arras, A. Eisenhardt, G. Frietzsche, Dr. O. Garkisch, G. Homburg, G. Juhnke, H. Koch, W. Kohaut, Dr. H. Linde, W. Mann, E. D. Menges, K. A. Raspe, P. R. Rutka, F. J. Schmid, H. Sobottka, H. Walther, R. Weinrich, E. Winecker, A. Wugk für ihre Mitarbeit bei der Aufnahme authentischer Dialoge und die Klärung von Sachfragen;
seiner Frau Rita Wolff für unermüdliche Mitarbeit.

Hans W. Wolff

Inhaltsverzeichnis

⚬⚬ / ⚬⚬

Hier muß der Lernende den Tonträger (Band, Cassette) einsetzen!

Einleitung

Grundlage und Ausgangspunkt des Programms „DAS VORSTELLUNGSGE-SPRÄCH" sind Situationsdialoge, in denen der Personalleiter der Firma Euro-Engineering und ein Bewerber zu Wort kommen.

Der sachliche Inhalt des Programms läßt sich in folgenden Stichworten kurz kennzeichnen:

Die Begrüßung des Bewerbers — Der erste Eindruck ist wichtig — Herr Wagner hat Betriebswirtschaft studiert — Sachbearbeiter in der Personalabteilung — Die Stellenbeschreibung — Organisationsprobleme in einer wachsenden Firma — Aufbau einer Personaldatenbank — Kontakt zum Rechenzentrum — Personalbe-schaffung — Vom Texten der Anzeigen bis zur Abfassung der Einstellungsver-träge — Die Unternehmensstruktur — Eine Verwaltungsgesellschaft für alle zen-tralen Aufgaben — Das Wohnungswesen — Betreuung ausländischer Mitarbeiter

Arbeits- und Aufenthaltsgenehmigung — Das Anfangsgehalt — Die Weihnachts-gratifikation — Die Firma ist nicht tarifgebunden — Gehaltsüberprüfung nach der Probezeit — Wer etwas leistet, kommt voran — leitende Positionen

Das kostenlose Mittagessen — Renten- und Arbeitslosenversicherung — Herr Wagner kann seine Krankenkasse frei wählen — Die betriebliche Altersversor-gung — Großzügige Regelungen im Invaliditätsfall — Weiterbildung großgeschrie-ben — Ausbildung am Arbeitsplatz und Fachseminare — Fremdsprachentraining im firmeneigenen Sprachlabor — Die gleitende Arbeitszeit — Urlaub nach den Tarifbestimmungen der Gewerkschaften — Die Kündigungsfrist.

Wegweiser durch das Programm

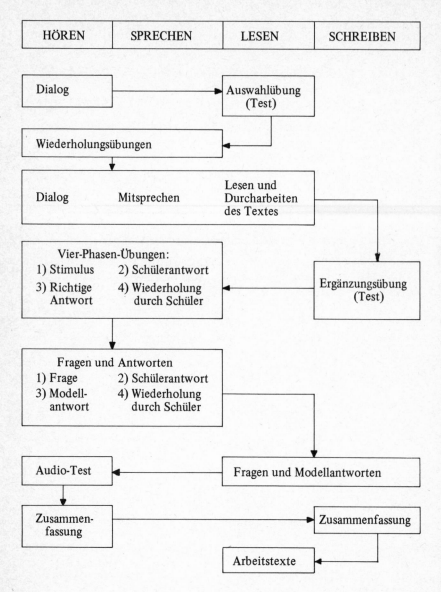

HÖREN	SPRECHEN	LESEN	SCHREIBEN

Dialog → Auswahlübung (Test)

Wiederholungsübungen

Dialog | Mitsprechen | Lesen und Durcharbeiten des Textes

Vier-Phasen-Übungen:
1) Stimulus 2) Schülerantwort
3) Richtige Antwort 4) Wiederholung durch Schüler

Ergänzungsübung (Test)

Fragen und Antworten
1) Frage 2) Schülerantwort
3) Modellantwort 4) Wiederholung durch Schüler

Audio-Test

Fragen und Modellantworten

Zusammenfassung

Zusammenfassung

Arbeitstexte

1 A Dialog (Tonband)

HÖREN Sie sich den Dialog mehrmals an.
Mehrmaliges Anhören steigert den Lernerfolg.
Das Ende des Dialogs Teil 1 wird durch einen Gongschlag gekennzeichnet.
Machen Sie unmittelbar im Anschluß daran die Auswahlübung 1 B und die Wiederholungsübung 1 D.
Lesen Sie den Dialogtext jetzt noch nicht mit, sondern üben Sie Ihr Hörverständnis.

1 B Auswahlübung

LESEN Sie den folgenden Text. Kreuzen Sie diejenige Aussage an, die den im Dialog gegebenen Informationen entspricht.

1. Studiert hat Herr Wagner in Kassel. Dort hat er auch
   a) vor seinem Studium in einem Unternehmen gearbeitet
   b) seine Frau kennengelernt
   c) eine Werkswohnung gehabt

2. Während des Studiums hat sich Herr Wagner unter anderem besonders interessiert für
   a) Personalwesen und Organisation
   b) Steuer- und Versicherungsfragen
   c) Datenverarbeitung und Vertragswesen

3. Für *eine* der folgenden Aufgaben wird Herr Wagner *nicht* zuständig sein. Welche?
   a) das Texten der Anzeigen
   b) die Ausbildung der Kandidaten
   c) das Inserieren in Zeitungen und Zeitschriften

4. Die Verwaltungsgesellschaft übernimmt zentrale Aufgaben wie zum Beispiel
   a) Planung und Bau von Industrieanlagen
   b) Montage und Betriebswirtschaft
   c) Finanz- und Rechnungswesen

1 C Schlüssel zur Auswahlübung

1. b) 2. a) 3. b) 4. c)

1 D Wiederholungsübung (Tonband)

1. Hören Sie sich den Kurzdialog an.
2. Spulen Sie das Band zurück und wiederholen Sie, was der erste Dialogpartner sagt.
3. Spulen Sie das Band zurück und wiederholen Sie, was der zweite Dialogpartner sagt.

Auf dem Tonband folgt diese Übung dem Dialog 1 A. Schauen Sie bei dieser Übung nicht in Ihr Buch. Imitieren Sie die Aussprache und Intonation der Sprecher(in). Wiederholen Sie diese Übung mehrmals und versuchen Sie dann allein oder zu zweit, diesen Kurzdialog ohne Tonband zu spielen. Schreiben Sie sich als Gedächtnisstütze einige Stichworte auf.

1 E Wiederholungsübung

LESEN Sie diesen Text erst nach der Arbeit mit dem Tonband.

A: Eine Ihrer Aufgaben wird die Personalsuche sein.

B: Personalsuche „per Inserat" nehme ich an?

A: Ja, wir inserieren in regionalen und überregionalen Zeitungen und Zeitschriften.

B: Meine Aufgabe wäre dann wohl die Gestaltung und das Texten der Anzeigen?

A: Ja, und dann müßten Sie die Bewerbungen sichten und die Kandidaten einladen.

B: Habe ich auch Vorstellungsgespräche zu führen?

A: Ja, natürlich.

B: Die Einstellungsverträge werden aber von Ihnen abgefaßt, nicht wahr?

A: Nein, auch das gehört zu Ihren Aufgaben, neben einer Reihe anderer.

B: Sehr schön. Habe ich auch etwas mit Organisationsfragen zu tun?

A: Ja, und mit Fragen der Datenverarbeitung.

B: Können Sie mir ein konkretes Beispiel nennen?

A: Nun, wir wollen eine Personaldatenbank aufbauen.

B: Oh, das ist ja interessant! Und was müßte ich dabei tun?

A: Sie sollen unsere Arbeit mit derjenigen der Organisationsabteilung und der EDV-Abteilung koordinieren.

B: Das freut mich, auf diesem Gebiet habe ich schon Erfahrungen.

1 F Dialog (Tonband und Buch)

HÖREN Sie sich den Dialog 1 A nochmals an. LESEN Sie gleichzeitig den folgenden Dialogtext *stumm* mit. Arbeiten Sie anschließend den Text durch. Dabei hilft Ihnen das einsprachige Glossar im Anschluß an den Dialogtext, auf das die Zahlen vor den zu erklärenden Ausdrücken verweisen. HÖREN Sie sich schließlich den Dialog nochmals an und versuchen Sie, ihn gleichzeitig zu SPRECHEN.

Einführung

Herr Wagner ist Österreicher. Seine Heimatstadt ist Linz, wo er mehrere Jahre lang als kaufmännischer Angestellter tätig war. Die Stellung in Linz gab er auf, um durch ein Studium in Deutschland seine beruflichen Möglichkeiten zu verbessern. Kurz nach Abschluß des Studiums las er in der Zeitung ein für ihn sehr interessantes Stellenangebot der Firma Euro-Engineering, Frankfurt, und beschloß, sich um diese ausgeschriebene Stelle zu bewerben. Soeben betritt er das Büro des Personalleiters dieser Firma, der ihn zu einem Vorstellungsgespräch eingeladen hat.

Herr Jung:	Guten Tag, Herr Wagner, willkommen in Frankfurt!
Herr Wagner:	Guten Tag, Herr Jung. Vielen Dank für Ihre (1) *Einladung!*
Herr Jung:	Nehmen Sie bitte Platz, Herr Wagner.
Herr Wagner:	Danke schön.
Herr Jung:	Ich hoffe, Sie hatten eine gute Reise. Sind Sie mit der Bahn gekommen?
Herr Wagner:	Nein, ich bin mit dem Auto gefahren. Die Fahrt hierher war recht angenehm, und ich habe von der (2) *Autobahnabfahrt* West nur zehn Minuten bis zu Ihrem Büro gebraucht.
Herr Jung:	Da haben Sie aber Glück gehabt, im Berufsverkehr dauert es manchmal viel länger. Ist Ihre Gattin auch mitgekommen?
Herr Wagner:	Ja, wir treffen uns später bei Verwandten in Frankfurt.
Herr Jung:	Ach, Sie haben sogar Verwandte hier, das ist ja interessant!
Herr Wagner:	Ja, meine Frau ist Deutsche. Wir haben uns in Kassel kennengelernt, wo ich an der (3) *Fachhochschule* (4) *Betriebswirtschaft* studiert habe.

Herr Jung:	Ich finde es sehr gut, daß Sie Ihre Frau mitgebracht haben. Natürlich muß Ihnen in erster Linie die Arbeit bei uns Freude machen, aber auch Ihre Familie soll sich hier wohlfühlen, und da ist es wichtig, daß die Ehefrau einen Eindruck von der neuen Umgebung gewinnt und sich mit den ganzen (5) *Verhältnissen etwas vertraut macht.*
Herr Wagner:	Ja, das haben wir uns auch gedacht.
Herr Jung:	Nun, Herr Wagner, Sie haben sich also um die Stelle eines (6) *Sachbearbeiters* in unserer Personalabteilung beworben, und wir stehen Ihrer (7) *Bewerbung* sehr positiv gegenüber.
Herr Wagner:	Das freut mich sehr. Wie Sie aus meinen (8) *Zeugnissen* ersehen können, habe ich während meines betriebswirtschaftlichen Studiums (9) *den Nachdruck auf Personalwesen,* (10) *Ausbildung* und Organisation gelegt. Mich würde nun interessieren, wie nach einer gewissen Einarbeitungszeit mein Aufgabengebiet aussehen wird.
Herr Jung:	Wir haben eine Stellenbeschreibung für den Arbeitsplatz jedes unserer Angestellten. Ihre Stellenbeschreibung ist ganz jungen Datums, denn in Ihrem Fall handelt es sich um eine Neueinstellung, nicht um eine Ersatzeinstellung für einen (11) *ausgeschiedenen Mitarbeiter.*
Herr Wagner:	Das heißt also, daß Sie Ihre Personalabteilung vergrößern wollen.
Herr Jung:	Sagen wir lieber „vergrößern müssen". Unsere Firma wächst seit Jahren, und natürlich muß die Personalabteilung dieser Entwicklung Rechnung tragen. Das bringt auch Organisationsprobleme mit sich, und da wären Ihre Studien auf dem Gebiet der Organisation von großem Nutzen.
Herr Wagner:	Könnten Sie mir ein Beispiel für eine konkrete Aufgabe in diesem Zusammenhang nennen?
Herr Jung:	Ja. Wir werden eine Personaldatenbank aufbauen, und ein Mitarbeiter der Personalabteilung muß unsere Arbeit mit derjenigen der Organisationsabteilung und der (12) *Abteilung Datenverarbeitung* koordinieren. Das wäre eine Aufgabe, bei der Sie Ihre Vorkenntnisse nützen könnten.
Herr Wagner:	Und welche Datenverarbeitungsanlage hat Euro-Engineering?

Herr Jung:	Unser Rechenzentrum ist zur Zeit mit einer IBM / 370 - 145 ausgestattet.
Herr Wagner:	Ah ja, das ist interessant.
Herr Jung:	Zu den weiteren Aufgaben, die Sie übernehmen sollen, gehört die Personalsuche für einige Teilbereiche wie z.B. allgemeine Verwaltung und Montagepersonal.
Herr Wagner:	Das betrifft also die Gestaltung und das Texten der Anzeigen ...
Herr Jung:	... und das (13) *Inserieren in regionalen oder überregionalen Zeitungen* und Zeitschriften ...
Herr Wagner:	Verzeihung, auch das (14) *Sichten der Bewerbungen,* die Einladung der Kandidaten und die Vorstellungsgespräche?
Herr Jung:	Ja, das alles, bis hin zur Abfassung der (15) *Einstellungsverträge.*
Herr Wagner:	Sehr schön. Sie haben eben von Teilbereichen gesprochen. Ich habe zwar Ihre Firmenbroschüre aufmerksam gelesen, aber vielleicht können Sie mir doch noch einmal einen Überblick über Ihre Unternehmensstruktur geben.
Herr Jung:	Gerne. Wir sind eine Gruppe von Firmen, die sich mit der Planung und dem Bau von Industrieanlagen befassen. Diesen Firmen zugeordnet ist eine Verwaltungsgesellschaft, die alle zentralen Aufgaben übernimmt wie etwa Personalwesen, Aus- und Fortbildung, Finanz- und Rechnungswesen, EDV, (16) *Sprachendienst*, Organisation und Rechtswesen.
Herr Wagner:	Und mein Arbeitsplatz wäre also in dieser Verwaltungsgesellschaft.
Herr Jung:	So ist es. Neben der Arbeit für die Personaldatenbank und Teile der Personalbeschaffung würden Sie den Bereich Wohnungswesen zu betreuen haben.
Herr Wagner:	Ich nehme an, daß es sich hier um Ihre Werkswohnungen handelt.
Herr Jung:	Ja, wir haben eine große Zahl solcher Wohnungen, natürlich lange nicht genug für alle Interessenten.
Herr Wagner:	Als ganz neuer Mitarbeiter hätte ich selbst wohl noch keinen (17) *Anspruch* auf eine solche Wohnung ....

Herr Jung:	Das ist leider richtig. — Ihren (18) *Unterlagen* habe ich entnommen, daß Sie vor Ihrem Studium schon einmal Personalsachbearbeiter waren. Vielleicht könnten Sie mir einmal kurz schildern, was Sie damals getan haben.
Herr Wagner:	Ja, in dem Linzer Unternehmen war ich zuständig für einen Teil der insgesamt 600 (19) *Lohnempfänger*, darunter viele ausländische Mitarbeiter, die in allen Personalfragen, (20) *Steuerfragen* und (21) *Sozialversicherungsfragen* von mir betreut werden mußten.
Herr Jung:	Das ist sehr wichtig für uns, denn wir haben auch weit über hundert ausländische Mitarbeiter.
Herr Wagner:	Da kann ich Ihnen also mit (22) *einschlägiger Erfahrung* dienen.
Herr Jung:	Ja, natürlich haben wir hier die Besonderheiten der (23) *EG-Staaten* zu berücksichtigen. Da werden einige neue Dinge auf Sie zukommen.

(1 Gongschlag)

1 die Einladung	Herr Jung hat Herrn Wagner gebeten, ihn zu besuchen.
2 die Autobahnabfahrt	Die deutschen Autobahnen sind mehrbahnige, kreuzungsfreie Straßen für den Kraftfahrzeugschnellverkehr. Nur Fahrzeuge mit einer Geschwindigkeit von über 40 km/h dürfen auf ihnen fahren. Halten ist nur auf Parkplätzen erlaubt. Besondere „Zubringerstraßen" führen zu den Autobahnen hin („Zufahrt") und von ihnen weg („Abfahrt").
3 die Fachhochschule	Unterricht und Ausbildung in der Bundesrepublik Deutschland orientieren sich zunehmend an den Erfordernissen der Praxis. Die Fachhochschulen bilden die Spitze der Pyramide der praxisorientierten Ausbildung. Sie sind Universitäten vergleichbar und gliedern sich in Fachbereiche (z.B. Maschinenbau, Elektrotechnik, Bauingenieurwesen, Wirtschaft, Datenverarbeitung, Sozialpädagogik).
4 die Betriebswirtschaft(slehre)	Der Teil der Wirtschaftswissenschaft, der sich mit dem wirtschaftlichen Denken und Handeln der verschiedenen Menschen und Menschengruppen auf dem Produktionsgebiet der Wirtschaft befaßt bzw. mit der Zielsetzung der Einkommenserzeugung. Spezielle Lehren: Betriebswirtschaftslehre des Handels, der Industrie, der Banken und Versicherungen, der Besteuerung, des Treuhandwesens.
5 sie macht sich mit den Verhältnissen vertraut	Sie informiert sich genau über die Bedingungen und Zustände.
6 der Sachbearbeiter	der Angestellte in einer Firma (oder der Beamte in einer Behörde), der für ein bestimmtes Fachgebiet zuständig ist
7 die Bewerbung	die Kandidatur
8 das Zeugnis	das Dokument, in dem eine Institution (Schule, Universität, Firma usw.) vor allem Leistung und Führung einer Person beurteilt.

9 den Nachdruck auf
Personalwesen etc.
legen

besonders intensiv Personalwesen etc. studieren

10 die Ausbildung

Jede Art von Schulung. Viele junge Leute treten nach ihrem Schulabschluß als „Auszubildende" (früher sagte man „Lehrlinge") in eine Firma ein. Viele Firmen unterscheiden je nach der Stufe der Schulung zwischen Ausbildung, Fortbildung und Weiterbildung.

11 der Mitarbeiter ist
ausgeschieden

Der Angestellte hat die Firma verlassen. Mögliche Gründe für das Ausscheiden:
a) der Mitarbeiter hat seiner Firma gekündigt
b) die Firma hat dem Mitarbeiter gekündigt
c) der Mitarbeiter ist pensioniert worden

12 die Abteilung Daten-
verarbeitung

Die Abteilung in einer Firma, die mit Hilfe von Computern zahlenmäßig komplizierte Betriebsprobleme löst (z.B. Lohn- und Gehaltsabrechnung). Oft spricht man von elektronischer Datenverarbeitung, noch öfter verwendet man die Abkürzung EDV. Eine große EDV-Abteilung nennt man Rechenzentrum.

13 wir inserieren in überregionalen Zeitungen

Unsere Annoncen erscheinen in Zeitungen, die nicht nur hier in unserer Gegend gelesen werden.

14 das Sichten der Be-
werbungen

das Prüfen und Ordnen der Kandidaturen nach bestimmten Gesichtspunkten

15 der Einstellungsver-
trag

Wenn Herr Wagner sich entschließt, in die Dienste der Firma Euro-Engineering zu treten, hat er Anrecht auf einen Vertrag, der wichtige Einzelheiten seines Arbeitsverhältnisses (z.B. Gehalt und Urlaub) regelt. Die Arbeitstexte am Schluß dieses Programms enthalten einen solchen Vertrag.

16 der Sprachendienst

Firmen (auch Behörden) mit internationalen Verbindungen brauchen eine Abteilung mit Spezialisten für die mündliche und schriftliche Übertragung von bestimmten Sprachen in bestimmte andere Sprachen (Dolmetscher und Übersetzer) und für das Schreiben fremdsprachiger Texte (Fremdsprachenstenotypistinnen und -phonotypistinnen).

17 Ich habe keinen An- spruch auf eine Werkswohnung	Ich habe kein Anrecht auf eine von der Firma zur Verfügung gestellte Wohnung; mir steht eine solche Wohnung nicht zu.
18 die Unterlagen	jede Art von Papieren und Dokumenten, wie z.B. Briefe, Verträge, Zeichnungen, Zeugnisse, Rech- nungen usw.
19 der Lohnempfänger	In der Industrie unterscheidet man zwischen Ar- beitnehmern, die Lohn bekommen (Arbeiter) und solchen, denen ein Gehalt gezahlt wird (Angestellte).
20 die Steuerfragen	Die für den Arbeitnehmer wichtigste Steuer ist die Lohnsteuer. Sie wird vom Bruttolohn bzw. -gehalt errechnet, vom Arbeitgeber einbehalten und an das Finanzamt abgeführt. Die Höhe der Lohnsteuer rich- tet sich nach der Höhe der Einkünfte und nach den Steuerklassen, die den Familienstand des Steuer- zahlers berücksichtigen.
21 die Sozialversiche- rungsfragen	Die Sozialversicherung ist eine obligatorische Ver- sicherung für alle Lohnempfänger und alle Ange- stellten bis zu einer bestimmten Einkommensgrenze. Sie umfaßt Kranken-, Arbeitslosen- und Rentenver- sicherung und garantiert Sicherheit im Krankheits- fall, bei Unfall, Arbeitslosigkeit und im Alter. Der Staat trägt zu den Lasten der Sozialversicherung er- hebliche Summen bei.
22 die einschlägige Erfahrung	die entsprechende Erfahrung; Erfahrungen, die sich auf diese Sache beziehen.
23 die EG-Staaten (gelegentlich auch noch EWG-Staaten genannt)	die Staaten der Europäischen Gemeinschaft (die Staaten der Europäischen Wirtschaftsgemeinschaft)

1 H Ergänzungsübung

SCHREIBEN Sie die fehlenden Wörter in die Lücken.

1. Herr Wagner hat .... für die St .... eines Sach .... in der Personalabteilung ..... ben, und Herr Jung s .... seiner ..... bung positiv ..... über.

2. Während ...... betriebs .... schaftlichen Studiums hat Herr Wagner den .... druck auf Personalw ...., Organisation und A ...... ung ge .....

3. Eine wichtige Aufgabe ist die .... altung und das Texten der ..... gen, das ..... ieren in Zeitungen und Zeit ...., die Vor .... gespräche mit den Kandidaten und die .. fassung der Verträge.

4. Die Verwaltungsgesellschaft .... nimmt alle zentralen Aufgaben, ... etwa Finanz- und R ...., Sprachen ......, Organisation und elektronische ....

5. In Linz war Herr Wagner zu .... für Lohnem ...., da ...... viele ausländische ... arbeiter, die von ihm in Steuer- und Sozial .... fragen be ..... wurden.

6. Wichtig ist, daß auch Herrn Wagners ... frau einen ... druck von der neuen .. gebung gewinnt und sich ... den ganzen Ver .... etwas ...- traut macht.

7. Herrn Wagners Stellen .... ung ist ganz jungen Datums, denn in seinem Fall handelt .. sich nicht .. eine Er .... stellung für einen aus- .... Mitarbeiter.

1 I Schlüssel zur Ergänzungsübung

1. sich – Stelle – Sachbearbeiters – beworben – steht – Bewerbung – gegenüber
2. seines – betriebswirtschaftlichen – Nachdruck – Personalwesen – Ausbildung – gelegt
3. Gestaltung – Anzeigen – Inserieren – Zeitschriften – Vorstellungsgespräche – Abfassung
4. übernimmt – wie – Rechnungswesen – Sprachendienst – Datenverarbeitung
5. zuständig – Lohnempfänger – darunter – Mitarbeiter – Sozialversicherungsfragen – betreut
6. Ehefrau – Eindruck – Umgebung – mit – Verhältnissen – vertraut
7. Stellenbeschreibung – es – um – Ersatzeinstellung – ausgeschiedenen

2 A Dialog (Tonband)

HÖREN Sie sich den Dialog mehrmals an.
Das Ende des Dialogs Teil 2 wird durch zwei Gongschläge gekennzeichnet.
Machen Sie wieder unmittelbar im Anschluß daran die Auswahlübung 2 B und
die Wiederholungsübung 2 D.

2 B Auswahlübung

LESEN Sie den folgenden Text. Kreuzen Sie diejenige Aussage an, die den im
Dialog gegebenen Informationen entspricht.

1. Wenn Herr Wagner die Stelle in Frankfurt bekommt, wird seine Frau min-
   destens so lange noch berufstätig sein bis
   a) die Wagners eine Wohnung gefunden und eingerichtet haben
   b) ein unbefristetes Arbeitsverhältnis vorliegt
   c) Herr Wagner ein höheres Gehalt bekommt

2. Nach Ablauf der Probezeit
   a) bekommt Herr Wagner eine Werkswohnung
   b) bekommt Herr Wagner eine Position als Gruppenleiter
   c) wird Herrn Wagners Gehalt überprüft

3. Die Gehaltspolitik der Firma orientiert sich in gewissen Punkten an
   a) den Tarifverträgen der Gewerkschaften
   b) der Weihnachtsgratifikation
   c) den Vorstellungen der Mitarbeiter

4. Die Gehälter sind unter anderem strukturiert nach
   a) Nationalitäts- und Berufsgruppen
   b) Berufs- und Altersgruppen
   c) Alters- und Gewerkschaftsgruppen

2 C Schlüssel zur Auswahlübung

(1. a) 2. c) 3. a) 4. b)

2 D Wiederholungsübung (Tonband)

1. Hören Sie sich den Kurzdialog an.

2. Spulen Sie das Band zurück und wiederholen Sie, was der erste Dialogpartner sagt.

3. Spulen Sie das Band zurück und wiederholen Sie, was der zweite Dialogpartner sagt.

Auf dem Tonband folgt diese Übung dem Dialog 2 A. Schauen Sie bei dieser Übung nicht in Ihr Buch. Imitieren Sie die Aussprache und Intonation der Sprecher(in). Wiederholen Sie diese Übung mehrmals und versuchen Sie dann allein oder zu zweit, diesen Kurzdialog ohne Tonband zu spielen. Schreiben Sie sich als Gedächtnisstütze einige Stichworte auf.

2 E Wiederholungsübung

LESEN Sie diesen Text erst nach der Arbeit mit dem Tonband.

A: Vielleicht sollten wir jetzt über die Gehaltsfrage sprechen.

B: Ja, gerne.

A: Wie sind denn Ihre eigenen Vorstellungen in dieser Hinsicht?

B: Nun, ich habe vor meinem Studium siebzehnhundert Mark brutto verdient.

A: Und an welches Anfangsgehalt denken Sie jetzt?

B: Eigentlich sollte es nicht unter zweitausenddreihundert liegen . . .

A: Da haben Sie aber etwas hoch gegriffen, fürchte ich.

B: Ich weiß nicht, wenn Sie sich an meinem früheren Gehalt orientieren . . .

A: Das will ich gern tun, aber mit zweitausenddreihundert liegen Sie außerhalb unserer Bandbreite.

B: Und mit welchem Gehalt läge ich innerhalb Ihrer Bandbreite?

A: Wir haben an etwa zweitausend Mark gedacht.

B: Wenn ich aber an mein langes Studium denke, ist dieses Gehalt zu niedrig.

A: Nun, ich will gerne noch einmal mit der Geschäftsführung sprechen.

B: Ja, bitte, vielleicht können die Herren meinen Vorstellungen noch etwas entgegenkommen.

2 F Dialog (Tonband und Buch)

HÖREN Sie sich den Dialog 2 A nochmals an. LESEN Sie gleichzeitig den folgenden Dialogtext *stumm* mit. Arbeiten Sie anschließend den Text durch. Dabei hilft Ihnen das einsprachige Glossar im Anschluß an den Dialogtext, auf das die Zahlen vor den zu erklärenden Ausdrücken verweisen. HÖREN Sie sich schließlich den Dialog nochmals an und versuchen Sie, ihn gleichzeitig zu SPRECHEN.

Herr Jung:	Wird Ihre Gattin nach Ihrem Umzug nach Frankfurt auch noch berufstätig sein, Herr Wagner?
Herr Wagner:	Ja, mindestens während der Übergangszeit, das heißt bis wir eine Wohnung gefunden haben und diese (1) *nach unseren Vorstellungen* eingerichtet haben.
Herr Jung:	Was macht Ihre Frau denn beruflich?
Herr Wagner:	Sie ist Übersetzerin für Englisch und Französisch bei einer Firma in Kassel, aber sie wird diese Stellung aufgeben und sich eine neue Tätigkeit, vielleicht (2) *halbtags*, in Frankfurt suchen, wenn Sie sich für meine Bewerbung entscheiden.
Herr Jung:	Das ist ein merkwürdiger Zufall, denn wir suchen gerade eine Übersetzerin für unseren Sprachendienst. Vielleicht könnte Ihre Frau auch in unserem Hause mitarbeiten!
Herr Wagner:	Das wäre eine interessante Möglichkeit. Könnten Sie mir die Stellenausschreibung mitgeben?
Herr Jung:	Das will ich gern tun. Wir können ja anschließend noch einmal über diese Sache sprechen.
Herr Wagner:	Vielen Dank, das ist sehr nett von Ihnen.
Herr Jung:	Herr Wagner, Sie sind österreichischer Staatsbürger. Österreich ist kein EG-Land, das heißt, wir müßten für Sie noch bestimmte Formalitäten erledigen, damit Sie bei uns arbeiten können.
Herr Wagner:	Ja, ich weiß, ich brauche eine (3) *Arbeitsgenehmigung* und eine Aufenthaltsgenehmigung.
Herr Jung:	Richtig. Diese Genehmigungen sind in Ihrem Fall relativ einfach zu bekommen, jedenfalls einfacher als etwa solche von außereuropäischen Staaten.

Herr Wagner:	Muß ich den entsprechenden (4) *Antrag* selbst stellen?
Herr Jung:	Nein, den stellen wir für Sie, bevor sie bei uns eintreten.
Herr Wagner:	Und in diesem Antrag bringen Sie doch dann zum Ausdruck, daß Sie mich einstellen wollen, nicht wahr?
Herr Jung:	Ja, das müssen wir. Wir fertigen sofort nach Ihrer Einstellung (5) *Ihren Vertrag* aus, und dieser Vertrag bildet die Grundlage für die Arbeitserlaubnis. Die Arbeitserlaubnis wird dann erteilt, wenn ein (6) *unbefristetes Arbeitsverhältnis* vorliegt, und das wäre bei Ihnen ja der Fall. – Ich glaube, wir sollten jetzt über die Gehaltsfrage sprechen, Herr Wagner. Wie sind denn Ihre eigenen Vorstellungen in dieser Hinsicht?
Herr Wagner:	Ich habe vor meinem Studium in Österreich umgerechnet (7) *siebzehnhundert D-Mark* brutto verdient. Mein Anfangsgehalt bei Ihnen sollte also eigentlich nicht unter etwa zweitausenddreihundert Mark liegen . . .
Herr Jung:	Nun, Herr Wagner, ich fürchte, daß Sie da etwas hoch gegriffen haben. Mit einem solchen Gehalt liegen Sie außerhalb der (8) *Bandbreite*, die unsere Geschäftsführung für diese Position festgelegt hat.
Herr Wagner:	Dann muß ich Sie fragen, mit welchem Gehalt ich innerhalb der von Ihnen genannten Bandbreite läge?
Herr Jung:	Wir haben an ein Anfangsgehalt von etwa zweitausend Mark gedacht, aber vielleicht kann ich nach Rücksprache mit der Geschäftsführung Ihren Vorstellungen noch etwas entgegenkommen. Sie sollten andererseits nicht übersehen, daß wir neben dem Gehalt noch eine ganze Reihe besonderer Leistungen bieten, so zum Beispiel die (9) *Weihnachtsgratifikation*.
Herr Wagner:	Ja, entschuldigen Sie, Herr Jung, aber in meiner früheren Firma in Linz habe ich auch einen Weihnachtsbonus in Höhe eines dreizehnten Monatsgehalts bekommen.
Herr Jung:	Nun, da sind wir sogar noch ein bißchen besser. Ich darf erwähnen, daß wir nicht (10) *tarifgebunden* sind und daß unsere Gehälter echt nach Leistung gezahlt werden.
Herr Wagner:	Wird die Gratifikation im Vertrag zugesagt, oder ist das eine freiwillige Leistung?

Herr Jung:	Da wir nicht tarifgebunden sind, ist es eine freiwillige Leistung. Aber es ist bei uns seit Jahren, ja ich kann sagen seit Jahrzehnten üblich, mindestens ein Monatsgehalt als Bonus zu zahlen.
Herr Wagner:	Wenn Euro-Engineering nicht tarifgebunden ist, wie ist dann überhaupt die Gehaltspolitik in Ihrem Hause?
Herr Jung:	Nun, wir orientieren uns in gewissen Punkten an den derzeitigen Tarifverträgen der Gewerkschaften.
Herr Wagner:	Betrifft diese Orientierung die Höhe des Gehalts?
Herr Jung:	Ja, und die Zeiträume der Überprüfung der Gehälter. Eine solche Überprüfung wird in Zukunft wohl jährlich vorgenommen werden.
Herr Wagner:	Wie sind Ihre Gehälter denn strukturiert?
Herr Jung:	Nun, einmal nach der Berufsgruppe, zum Beispiel kaufmännisches Personal oder (11) *Diplomingenieure*, dann innerhalb der Berufsgruppen nach Altersgruppen, und schließlich gibt es innerhalb der einzelnen Gruppen die schon erwähnten Bandbreiten, mit denen man der individuellen Leistung des Mitarbeiters gerecht werden kann.
Herr Wagner:	Gut. Herr Jung, ich hoffe, daß Sie mir nach Ihrer Rücksprache mit der Geschäftsführung ein Gehalt vorschlagen können, das meinen Vorstellungen doch etwas näher kommt. Vor allen Dingen möchte ich Sie bitten, mir eine Überprüfung meines Gehalts nach Ablauf der Probezeit schriftlich zuzusagen.
Herr Jung:	Das tun wir (12) *grundsätzlich*. Ihre Probezeit beträgt 6 Monate. Wenn diese Zeit abgelaufen ist, können wir Ihre Leistung besser abschätzen und Sie wirklich leistungsgerecht eingruppieren. An diese Überprüfung schließt sich eine Gehaltserhöhung an, wenn Sie die Probezeit erfolgreich beenden.
Herr Wagner:	In welcher Größenordnung wird diese Erhöhung liegen?
Herr Jung:	Das läßt sich jetzt noch nicht bindend sagen, aber ich denke, daß Sie von etwa zehn Prozent ausgehen können.
Herr Wagner:	Sehr schön. Im übrigen möchte ich betonen, daß es mir in erster Linie darauf ankommt, eine Aufgabe zu finden, die mich befriedigt und für die ich mich begeistern kann.

Herr Jung:	Ich bin überzeugt, daß die Arbeit hier bei uns (13) *gute Voraussetzungen* dafür bietet.
Herr Wagner:	Ebenso wichtig sind mir natürlich die Entwicklungsmöglichkeiten. Wie steht es damit?
Herr Jung:	Es ist schwierig, diese Frage jetzt schon konkret zu beantworten. Unser Prinzip ist, leitende Positionen mit Mitarbeitern aus den eigenen Reihen zu besetzen. Sie haben also durchaus die Chance, voranzukommen. Wir werden im (14) *Zuge der Vergrößerung* der Firma und der Personalabteilung Gruppen bilden, und eine Position als Gruppenleiter läge für Sie, bei entsprechender Leistung und Bewährung, durchaus im Bereich des Möglichen.

(2 Gongschläge)

1 nach unseren Vorstel-   nach unseren Ideen
   lungen

2 halbtags   Es gibt in der BRD viele Teilzeitbeschäftigte, besonders Frauen, die wieder in das Berufsleben zurück-
   kehren, wenn ihre Kinder etwas größer geworden
   sind. Die Arbeitsämter und zahlreiche private Unternehmen vermitteln Teilzeit- und Aushilfskräfte an
   Industrie und Handel.

3 die Arbeitsgenehmi-   Die Sachtexte am Schluß dieses Programms enthal-
   gung (auch Arbeits-   ten Auszüge aus einer Informationsschrift der Stadt
   erlaubnis genannt)   Frankfurt für ausländische Arbeitnehmer mit aus-
   führlichen Angaben betreffend Arbeits- und Aufenthaltserlaubnis.

4 Herr Jung stellt für   Herr Jung will für Herrn Wagner die Arbeitserlaubnis
   Herrn Wagner einen   bekommen. Er füllt ein Formular aus, in dem die zu-
   Antrag auf Arbeits-   ständige Behörde gebeten wird, diese Genehmigung
   erlaubnis   zu erteilen.

5 wir fertigen Ihren   wir schreiben Ihren Vertrag
   Vertrag aus

6 es liegt ein unbefriste-   mit Ausnahme der Altersgrenze (Vollendung des 64.
   tes Arbeitsverhältnis   Lebensjahres) ist der Arbeitsvertrag zeitlich nicht be-
   vor   grenzt

7 Ich habe in Öster-   Mein in österreichischer Währung (Schilling) ausge-
   reich umgerechnet   zahltes Gehalt entsprach einem Betrag von DM
   DM 1.700,– ver-   1.700,–.
   dient.

8 die Bandbreite   hier: die Skala, der Gehaltsspielraum, das obere und
   das untere Gehalt für diese Position

9 die Weihnachtsgrati-   Der Bonus, den die Firma bei befriedigender Ge-
   fikation   schäftslage am Jahresende ihren Angestellten zahlt.
   In den meisten Firmen erhalten Führungskräfte (z.B.
   Prokuristen und Direktoren) statt der Gratifikation
   eine sogenannte „Tantieme", d.h. eine Umsatzbetei-

ligung. Wenn die Gratifikation einem Gehalt entspricht, bezeichnet man sie auch oft als „dreizehntes Monatsgehalt".

10 wir sind nicht tarifgebunden

Wir haben keinen Tarifvertrag mit einer Gewerkschaft. Der Tarifvertrag (auch Tarifabkommen genannt) ist ein zwischen einem Arbeitgeber(verband) und einer Gewerkschaft schriftlich abgeschlossener Kollektivvertrag zur Regelung arbeitsrechtlicher Beziehungen.

11 der Diplomingenieur

Ein Diplom ist ein Schriftstück, eine Urkunde. Das staatliche Diplom wird nach bestandener Schlußprüfung an einer Universität, TH (Technischen Hochschule) und anderen Fachhochschulen verliehen, meistens verbunden mit einem akademischen Grad, z.B. Diplomkaufmann, Diplomübersetzer, Diplomingenieur.

12 grundsätzlich

a) prinzipiell, aus Prinzip;
   das ist bei uns die Regel
b) wir machen das im allgemeinen so (aber es gibt natürlich auch Fälle, in denen wir es nicht so machen!)

13 gute Voraussetzungen

gute Bedingungen

14 im Zuge der Vergrößerung

im Verlauf der Vergrößerung

2 H Ergänzungsübung

SCHREIBEN Sie die fehlenden Wörter in die Lücken.

1. Herrn Wagners Frau wird ihre Stellung als Über . . . . in Kassel . . . geben und . . . . eine neue . . . igkeit, vielleicht halb . . . . , in Frankfurt suchen.

2. Die Arbeits . . . . . . nis wird dann . . . . . lt, wenn ein unbe . . . . es Arbeits . . . . nis vorliegt, und das ist . . . Herrn Wagner der Fall.

3. Herr Jung hat . . ein niedrigeres Anfangs . . . . . . gedacht, aber vielleicht kann er nach . . . . sprache mit der Geschäftsführung den Vorstellungen von Herrn Wagner noch etwas . . . . kommen.

4. Die Firma ist nicht tarif . . . . , das heißt also, daß die Weihnachts- . . . . eine freiwillige L . . . . ist; andererseits ist es seit Jahren . . lich, einen solchen B . . . . zu zahlen.

5. Herr Wagner hat Herrn Jung gebeten, ihm eine . . . . prüfung seines Gehalts nach A . . . . . der . . . . . zeit schriftlich . . . . sagen.

6. Es ist das P . . . . . . der Firma, l . . . . Positionen mit Mitarbeitern . . . den eigenen Reihen . . be . . . .

7. Für Herrn Wagner läge, bei . . . sprechender Leistung und Be . . . . , eine Position als Gruppenleiter . . . . . aus im . . . . des Möglichen.

2 I Schlüssel zur Ergänzungsübung

7. entsprechender – Bewährung – durchaus – Bereich

6. Prinzip – leitende – aus – zu – besetzen

5. Überprüfung – Ablauf – Probezeit – zuzusagen

4. tarifgebunden – Weihnachtsgratifikation – Leistung – üblich – Bonus

3. an – Anfangsgehalt – Rücksprache – entgegenkommen

2. Arbeitserlaubnis – erteilt – unbefristetes – Arbeitsverhältnis – bei

1. Übersetzerin – aufgeben – sich – Tätigkeit – halbtags

3 A Dialog (Tonband)

HÖREN Sie sich den Dialog mehrmals an.
Das Ende des Dialogs Teil 3 wird durch 3 Gongschläge gekennzeichnet.
Bitte vor dem Lesen des Dialogtextes unbedingt erst die Auswahl- und Wieder-
holungsübung durchgehen.

3 B Auswahlübung

LESEN Sie den folgenden Text. Kreuzen Sie diejenige Aussage an, die den im
Dialog gegebenen Informationen entspricht.

1. Das Mittagessen ist kostenlos, aber es muß versteuert werden. Warum?
   a) Es handelt sich da um eine Betriebsvereinbarung.
   b) Sein Wert beläuft sich auf 8 % des Gehalts und liegt so über der sogenann-
      ten Pflichtgrenze.
   c) Sein Sachwert stellt in Wirklichkeit einen Teil des Gehalts dar.

2. Wenn Herr Wagner bei einer privaten Krankenkasse versichert ist, zahlt die
   Firma
   a) den halben Beitrag
   b) den halben Satz der AOK
   c) keinen Zuschuß

3. Die gleitende Arbeitszeit gibt Herrn Wagner unter anderem die Möglichkeit,
   a) ein kleines Zeitguthaben zu bilden
   b) mehrere Tage länger in Urlaub zu gehen
   c) sich ein Zeitguthaben bezahlen zu lassen

4. Welche Bedingung muß erfüllt sein, damit Herr Wagner seinen Urlaub nehmen
   kann?
   a) Er muß die Urlaubszeit mit Chef und Kollegen abgestimmt haben.
   b) Er muß den Urlaub während der Betriebsferien nehmen.
   c) Er muß urlaubsfähig sein.

3 C Schlüssel zur Auswahlübung

1. c) 2. b) 3. a) 4. a)

3 D Wiederholungsübung (Tonband)

1. Hören Sie sich den Kurzdialog an.
2. Spulen Sie das Band zurück und wiederholen Sie, was der erste Dialogpartner sagt.
3. Spulen Sie das Band zurück und wiederholen Sie, was der zweite Dialogpartner sagt.

Auf dem Tonband folgt diese Übung dem Dialog 3 A. Schauen Sie bei dieser Übung nicht in Ihr Buch. Imitieren Sie die Aussprache und Intonation der Sprecher(in). Wiederholen Sie diese Übung mehrmals und versuchen Sie dann allein oder zu zweit, diesen Kurzdialog ohne Tonband zu spielen. Schreiben Sie sich als Gedächtnisstütze einige Stichworte auf.

3 E Wiederholungsübung

LESEN Sie diesen Text erst nach der Arbeit mit dem Tonband.

A: Die Hälfte Ihrer Beiträge für *Pflicht*versicherungen zahlt die Firma.

B: Gibt es denn auch freiwillige Versicherungen?

A: Ja, in Ihrem Fall die Krankenkasse.

B: Wie kommt das?

A: Ihr Gehalt liegt über der sogenannten Pflichtgrenze.

B: Aber in der Rentenversicherung bin ich pflichtversichert?

A: Ja, und in der Arbeitslosenversicherung auch.

B: So, für diese beiden Versicherungen brauche ich also nur fünfzig Prozent der Beiträge zu bezahlen?

A: So ist es. Und bei der Krankenkasse zahlen wir den halben Satz der AOK.

B: Haben Sie darüber hinaus auch eine betriebliche Altersversorgung?

A: Ja, wir haben eine Pensionskasse mit ausgezeichneten Leistungen.

B: Wann könnte ich in dieser Kasse Mitglied werden?

A: Sofort bei Ihrem Eintritt in die Firma.

B: Und wie ist Ihre Urlaubsregelung? Ich bin siebenundzwanzig Jahre alt . . .

A: Nun, für Ihre Altersgruppe wird ein Urlaub von einundzwanzig Tagen gewährt.

3 F Dialog (Tonband und Buch)

HÖREN Sie sich den Dialog 3 A nochmals an. LESEN Sie gleichzeitig den folgenden Dialogtext *stumm* mit. Arbeiten Sie anschließend den Text durch. Dabei hilft Ihnen das einsprachige Glossar im Anschluß an den Dialogtext, auf das die Zahlen vor den zu erklärenden Ausdrücken verweisen. HÖREN Sie sich schließlich den Dialog nochmals an und versuchen Sie, ihn gleichzeitig zu SPRECHEN.

Herr Wagner:	Sie sprachen vorhin von den besonderen Leistungen Ihrer Firma. Um welche Leistungen handelt es sich da, abgesehen von der Weihnachtsgratifikation natürlich, Herr Jung?
Herr Jung:	Nun, da wäre zunächst zu nennen ein praktisch kostenloses Mittagessen in unserem (1) *Kasino*, ich sage praktisch kostenlos, weil der (2) *Sachwert*, der ja in Wirklichkeit einen Teil des Gehalts darstellt, zu (3) *versteuern* ist, sofern der (4) *Zuschuß* einen bestimmten Betrag übersteigt.
Herr Wagner:	Wie steht es mit der (5) *Krankenversicherung*, Angestelltenversicherung und so weiter?
Herr Jung:	Sobald Sie Arbeitnehmer in Deutschland sind, werden Sie unabhängig von Ihrer Nationalität pflichtversichert in der gesetzlichen Rentenversicherung und der Arbeitslosenversicherung.
Herr Wagner:	Ja, das ist mir klar. Kann ich in der Krankenkasse noch pflichtversichert werden?
Herr Jung:	Nein. Ihr Gehalt liegt über der sogenannten Pflichtgrenze, das heißt, Sie können Ihre Krankenkasse frei wählen, wobei wir Ihnen einen ansehnlichen Zuschuß zu Ihrem Beitrag zahlen.
Herr Wagner:	Aha, das hört sich gut an. Wieviel Prozent von meinem künftigen Gehalt müßte ich denn zur Zeit für die Rentenversicherung (6) *aufwenden?*
Herr Jung:	Nun, die derzeitige Höchstgrenze bei der Rentenversicherung liegt bei zweitausendfünfhundert Mark, so daß Sie wahrscheinlich mit Ihrem Gehalt voll rentenversicherungspflichtig sind. Zur Zeit würde Ihr (7) *Beitrag* sich auf acht Prozent belaufen, der aber auch in gleicher Höhe nochmals von der Firma für Sie (8) *entrichtet* wird.

Herr Wagner:	Aha. Na ja, das gilt in Deutschland auch für die anderen Pflichtversicherungen.
Herr Jung:	So ist es. Die Hälfte wird immer von der Firma bezahlt. Was die Krankenkasse betrifft, zahlen wir den halben Satz der (9) *AOK*, auch wenn der Mitarbeiter zum Beispiel bei einer (10) *privaten Krankenkasse* versichert ist.
Herr Wagner:	Trifft es zu, daß Sie auch noch eine (11) *betriebliche* Altersversorgung haben?
Herr Jung:	Ja, wir haben eine Pensionskasse mit ausgezeichneten Leistungen, in der auch Sie bei Ihrem Eintritt in die Firma Mitglied würden.
Herr Wagner:	Vielleicht könnten Sie mir an einem Beispiel erläutern, mit welchen Leistungen ich rechnen könnte, wenn ich, sagen wir, nach zehn Jahren Betriebszugehörigkeit arbeitsunfähig würde...
Herr Jung:	Ja, wir haben eine sehr großzügige Regelung für derartige Invaliditätsfälle. (12) *Wir stellen unseren Mitarbeiter* dann so, als ob er schon eine längere Zeit in unserem Unternehmen tätig gewesen wäre, was an sich die Voraussetzung für die Zahlung einer (13) *Pension* ist. Sie bekämen in diesem Fall also bereits eine monatliche Pension, deren Höhe ich Ihnen allerdings im Augenblick nicht genau angeben kann.
Herr Wagner:	Sie haben aber sicher Informationsmaterial hierüber, (14) *Satzungen* und ähnliches, das ich . . .
Herr Jung:	Selbstverständlich händigen wir Ihnen bei Ihrem Eintritt sämtliche derartige Unterlagen aus, auch alle (15) *Betriebsvereinbarungen* und Richtlinien, die zur Zeit bei uns gelten.
Herr Wagner:	Noch eine Frage. Wie sieht es aus mit Möglichkeiten zur Weiterbildung?
Herr Jung:	Das ist ein sehr wichtiges Gebiet, dem wir große Aufmerksamkeit schenken. Zunächst haben wir „training on the job", das heißt Ausbildung am Arbeitsplatz selbst. Dann gibt es fachbezogene Seminare. Für Sie ist besonders interessant, daß wir mit verschiedenen privaten und offiziellen Fachinstituten zusammenarbeiten, die viele Seminare veranstalten. Dorthin schicken wir unsere Mitarbeiter, wann immer wir dies für zweckmäßig halten.

Herr Wagner:	Gibt es auch interne Weiterbildungsmaßnahmen?
Herr Jung:	Ja, da wäre unser firmeneigenes Sprachlabor zu nennen, in dem alljährlich etwa vierhundert Mitarbeiter und Mitarbeiterinnen hauptsächlich Englisch, Französisch und Spanisch lernen beziehungsweise praxisbezogen perfektionieren können.
Herr Wagner:	Na, das ist ja großartig! Könnte ich auch an solchen Kursen teilnehmen?
Herr Jung:	Ganz gewiß. Ich würde sagen, nach einem halben Jahr könnten wir uns über diese Möglichkeit noch einmal unterhalten.
Herr Wagner:	In Ihrer Anzeige haben Sie als besonderen Vorteil die (16) *gleitende Arbeitszeit* erwähnt ...
Herr Jung:	Ja, ich glaube, wir haben eine recht großzügige Regelung. Der Arbeitsbeginn morgens liegt zwischen sieben Uhr fünfzehn und acht Uhr fünfundvierzig, während das Arbeitsende nachmittags zwischen sechzehn Uhr und siebzehn Uhr fünfundvierzig liegt.
Herr Wagner:	Was geschieht, wenn man am Ende eines Monats ein Zeitguthaben hat?
Herr Jung:	Nun, es dürfen plus oder minus acht Stunden als Saldo in den nächsten Monat mit hinübergenommen werden.
Herr Wagner:	Das ist wirklich angenehm. Noch eine weitere Frage, wenn Sie erlauben: Wie ist Ihre (17) *Urlaubsregelung?* Ich bin siebenundzwanzig Jahre alt ...
Herr Jung:	Auch in diesem Punkt lehnen wir uns an die Tarifbestimmungen der Gewerkschaften an, wonach zur Zeit für Ihre Altersgruppe ein Urlaub von einundzwanzig Tagen gewährt wird. Es handelt sich dabei um die Arbeitstage Montag bis Freitag, das heißt, Sie bekommen vier Wochen und einen Tag Urlaub.
Herr Wagner:	Gibt es Vorschriften dafür, wann dieser Urlaub genommen werden muß?
Herr Jung:	Nein, wir haben keine Betriebsferien. Sie können Ihren Urlaub in Abstimmung mit Ihrem (18) *Vorgesetzten* und Ihren Kollegen so legen, wie Sie es wünschen.
Herr Wagner:	Gut. Ich habe eine Probezeit von sechs Monaten. Wie verhält es sich mit der Kündigungsfrist?

Herr Jung:	Wir haben eine (19) *Kündigungsfrist* von einem Monat zum Monatsende während der Probezeit, das ist die kürzeste Kündigungsfrist, die gesetzlich erlaubt ist. *Danach* käme in Ihrer Position nicht mehr die gesetzliche Kündigungsfrist von sechs Wochen zum (20) *Quartalsende* in Betracht, sondern drei Monate zum Quartalsende.
Herr Wagner:	(21) *Trifft es zu,* daß Ihre Firma einen Urlaubsbonus zahlt?
Herr Jung:	Ja, wir gewähren normalerweise im Mai, mit dem Maigehalt, rund 30 % Urlaubsgeld für Ihre Altersgruppe, bezogen auf das Maigehalt.
Herr Wagner:	Sehr schön. Jetzt haben Sie mich so ausführlich informiert, Herr Jung, daß ich Sie nicht mehr länger beanspruchen möchte. Sie erwarten ja jetzt bereits den nächsten Kandidaten, glaube ich?
Herr Jung:	Ja, das ist richtig, aber neue Bewerber muß man eben richtig informieren. Wenn Sie keine Fragen mehr haben, darf ich Sie verabschieden. Sie bekommen dann in den nächsten Tagen einen schriftlichen Bescheid.
Herr Wagner:	Danke, Herr Jung, auf Wiedersehen.
Herr Jung:	Auf Wiedersehen.

(3 Gongschläge)

3 G Glossar

1 das Kasino

Viele Firmen haben eine eigene Küche und einen Eßraum für ihre Arbeiter und Angestellten. Die einfache Form dieses Eßraums ist die „Kantine", die etwas verfeinerte Form das „Kasino".

2 der Sachwert

Man unterscheidet den Geldwert vom Sachwert, das heißt dem Wert, der auf der Substanz von Gütern beruht.

3 der Sachwert ist zu versteuern

Für den Sachwert muß Steuer gezahlt werden.

4 der Zuschuß

die Zugabe, die Beihilfe, der Extrabetrag

5 Krankenversicherung, Angestelltenversicherung, Arbeitslosenversicherung

siehe „Sozialversicherung" in 1 G, Punkt 21

6 aufwenden

einsetzen

7 Ihr Beitrag beläuft sich auf . . .

Die Summe, die Sie (für den Versicherungsschutz) bezahlen müssen, beträgt . . .

8 entrichten

bezahlen

9 die AOK

Die Allgemeine Ortskrankenkasse ist Träger der gesetzlichen Krankenversicherung (siehe auch „Sozialversicherung" in 1 G, Punkt 21) für die Versicherungspflichtigen eines bestimmten Bezirks.

10 die private Krankenkasse

Neben den *gesetzlichen* Trägern der Krankenversicherung (z.B. AOK, Betriebskrankenkassen für gewerbliche Betriebe, Innungskrankenkasse für Angehörige des Handwerks, usw.) gibt es in der BRD *private* Krankenkassen mit sogenannten Leistungstarifen, die den speziellen Bedürfnissen der Versicherten angepaßt sind.

11 betrieblich

den Betrieb, das heißt die Firma betreffend

12 wir stellen unseren Mitarbeiter so, als ob er ...

Wir behandeln unseren Mitarbeiter so, als ob er . . .

13 die Pension	Die Pension ist ein dem Arbeitnehmer vertraglich (oder dem Beamten gesetzlich) zugesichertes Ruhegehalt, das fällig wird, wenn die Altersgrenze erreicht, Arbeitsunfähigkeit eingetreten oder eine gewisse Dienstzeit abgeleistet ist.
14 die Satzungen	die Regeln
15 die Betriebsvereinbarung	Eine Betriebsvereinbarung ist ein Abkommen zwischen Arbeitgeber und Betriebsrat, das nach dem Betriebsverfassungsgesetz immer dann zu treffen ist, wenn es um die Einführung wichtiger betrieblicher Neuerungen geht.
	Der Betriebsrat ist die gewählte Vertretung der Arbeitnehmer in einem Betrieb mit dem Recht der Mitbestimmung in sozialen, personellen und bestimmten wirtschaftlichen Angelegenheiten.
16 die gleitende Arbeitszeit	die flexible Arbeitszeit
17 der Urlaub	die Ferien
18 der Vorgesetzte	der Chef
19 die Kündigungsfrist	Eine Kündigung ist eine einseitige Willenserklärung, die zur Beendigung z.B. eines Arbeitsvertrages führt und an bestimmte Fristen gebunden ist. Eine Frist ist ein Zeitraum, innerhalb dessen eine Handlung vorgenommen, ein Recht ausgeübt oder eine Willenserklärung abgegeben werden soll.
20 das Quartal	das Vierteljahr
21 es trifft zu, daß . . .	es ist richtig, daß

3 H Ergänzungsübung

SCHREIBEN Sie die fehlenden Wörter in die Lücken.

1. Arbeitnehmer in der BRD sind, ... hängig . . . ihrer Nationalität, in der
   g . . . . en Rentenversicherung und der Arbeit . . . . . . versicherung
   . . . . versichert.

2. Die Firma hat auch eine b . . . . . . liche Altersv . . . . , eine sogenannte
   Pensions . . . . . , in der Herr Wagner bei seinem Ein . . . . . in die Firma
   Mit . . . . . würde.

3. Im In . . . . fall, das heißt bei Arbeits . . . . keit, könnte Herr Wagner mit einer Pension r . . . . . . , denn die Firma hat eine großz . . . . .
   Re . . . . . . für solche Fälle.

4. Im firmen . . . . Sprachlabor können zahlreiche . . . . stellte Fremdsprachen lernen . . . . weise praxisbe . . . . . perfektionieren.

5. Mit ihrer Ur . . . . . regelung lehnt sich die Firma . . die Tarifbe . . . .
   der Ge . . . . schaften . . .

6. Herr Wagner hat w . . . . . . der Probezeit eine K . . . . frist von einem
   Monat . . . Monatsende.

7. Das praktisch k . . . . Mittagessen stellt einen Teil des Gehalts . . . ,
   und aus diesem Grund muß der entsprechende Sach . . . . ver . . . .
   werden, so . . . . der . . schuß einen bestimmten Be . . . . über . . . .

3 I Schlüssel zur Ergänzungsübung

4 A Vier-Phasen-Übungen (Tonband)

SPRECHEN Sie, wie es Ihnen Ihre Tonbandlehrer zu Beginn jeder Übung vormachen. Das geht z.B. so vor sich:

1. Lehrer: Betrifft der Text die Werkswohnungen?
2. Lehrer: Ja, ich nehme an, daß es sich um die neuen Werkswohnungen handelt.

Ein solches Beispiel zeigt Ihnen, wie Sie reagieren sollen, wenn Ihnen ähnliche Sprechanreize gegeben werden, etwa so:

Lehrer: Betrifft der Text die Altersversorgung?
Schüler: Ja, ich nehme an, daß es sich um die neue Altersversorgung handelt.
Lehrer: Ja, ich nehme an, daß es sich um die neue Altersversorgung handelt.
Schüler: Ja, ich nehme an, daß es sich um die neue Altersversorgung handelt.

Sie versuchen also immer, auf den Sprechanreiz, den „Stimulus", richtig zu reagieren. Falls Sie einen Fehler machen: Ihre Tonbandlehrer geben Ihnen anschließend die Modellantwort. Wiederholen Sie immer diese Modellantwort. Mehrmaliges Durcharbeiten der Drills erhöht den Lernerfolg.

4 B Vier-Phasen-Übungen

LESEN Sie diese Texte erst nach der Arbeit mit dem Tonband.

„Ja, ich nehme an, daß es sich um die neuen Werkswohnungen handelt" (1)

Beispiel:
Betrifft der Text die Werkswohnungen?
– Ja, ich nehme an, daß es sich um die neuen Werkswohnungen handelt.

Jetzt sind Sie an der Reihe!

Betrifft der Text die Werkswohnungen?
– Ja, ich nehme an, daß es sich um die neuen Werkswohnungen handelt.

Betrifft der Text die Altersversorgung?
– Ja, ich nehme an, daß es sich um die neue Altersversorgung handelt.

Betrifft der Text die Betriebsvereinbarungen?
– Ja, ich nehme an, daß es sich um die neuen Betriebsvereinbarungen handelt.

Betrifft der Text den Deutschkurs?
– Ja, ich nehme an, daß es sich um den neuen Deutschkurs handelt.

Achtung, es wird etwas schwieriger!

Betrifft der Text unsere Vorschriften?
– Ja, ich nehme an, daß es sich um unsere neuen Vorschriften handelt.

Betrifft der Text seinen Urlaubsbonus?
– Ja, ich nehme an, daß es sich um seinen neuen Urlaubsbonus handelt.

Betrifft der Text unsere und ihre Mitarbeiter?
– Ja, ich nehme an, daß es sich um unsere und ihre neuen Mitarbeiter handelt.

„Früher hat sie sich nicht mit dem Bau von Industrieanlagen befaßt" (2)

Beispiel:
Herrn Wagners Firma befaßt sich jetzt mit dem Bau von Industrieanlagen.
– Früher hat sie sich nicht mit dem Bau von Industrieanlagen befaßt.

Jetzt sind Sie an der Reihe!

Herrn Wagners Firma befaßt sich jetzt mit dem Bau von Industrieanlagen.
– Früher hat sie sich nicht mit dem Bau von Industrieanlagen befaßt.

47

Herrn Wagners Frau bewirbt sich jetzt als Übersetzerin.
— Früher hat sie sich nicht als Übersetzerin beworben.

Herrn Wagners Chef interessiert sich jetzt für ausländische Mitarbeiter.
— Früher hat er sich nicht für ausländische Mitarbeiter interessiert.

Herrn Wagners Unternehmen orientiert sich jetzt an amerikanischen Verhältnissen.
— Früher hat es sich nicht an amerikanischen Verhältnissen orientiert.

Herrn Wagners Vorgesetzter begeistert sich jetzt für Fremdsprachen.
— Früher hat er sich nicht für Fremdsprachen begeistert.

Herrn Wagners Gesellschaft lehnt sich jetzt an gewerkschaftliche Regelungen an.
— Früher hat sie sich nicht an gewerkschaftliche Regelungen angelehnt.

„Ja, als neuer Mitarbeiter müßten Sie eine Geheimhaltungserklärung unterschreiben" (3)

1. Beispiel:
Muß ich eine Geheimhaltungserklärung unterschreiben?
Ja
— Ja, als neuer Mitarbeiter müßten Sie eine Geheimhaltungserklärung unterschreiben.

2. Beispiel:
Habe ich Anspruch auf eine Werkswohnung?
Nein
— Nein, als neuer Mitarbeiter hätten Sie noch keinen Anspruch auf eine Werkswohnung.

Jetzt sind Sie an der Reihe!

Muß ich eine Geheimhaltungserklärung unterschreiben?
Ja
— Ja, als neuer Mitarbeiter müßten Sie eine Geheimhaltungserklärung unterschreiben.

Habe ich Anspruch auf eine Werkswohnung?
Nein
— Nein, als neuer Mitarbeiter hätten Sie noch keinen Anspruch auf eine Werkswohnung.

Werde ich Mitglied in der Pensionskasse?
Ja
— Ja, als neuer Mitarbeiter würden Sie Mitglied in der Pensionskasse.

Komme ich für eine leitende Position in Betracht?
Nein
— Nein, als neuer Mitarbeiter kämen Sie noch nicht für eine leitende Position in Betracht.

Bekomme ich eine volle Weihnachtsgratifikation?
Nein
— Nein, als neuer Mitarbeiter bekämen Sie noch keine volle Weihnachtsgratifikation.

Bin ich zunächst auf Probe eingestellt?
Ja
— Ja, als neuer Mitarbeiter wären Sie zunächst auf Probe eingestellt.

Kann ich sofort an Sprachkursen teilnehmen?
Nein
— Nein, als neuer Mitarbeiter könnten Sie noch nicht sofort an Sprachkursen teilnehmen.

„Er war mehrere Jahre als kaufmännischer Angestellter in Deutschland tätig" (4)

Beispiel:
War er schon in Deutschland tätig?
Ja, als kaufmännischer Angestellter.
— Er war mehrere Jahre als kaufmännischer Angestellter in Deutschland tätig.

Jetzt sind Sie an der Reihe!
War er schon in Deutschland tätig?
Ja, als kaufmännischer Angestellter.
— Er war mehrere Jahre als kaufmännischer Angestellter in Deutschland tätig.

War er schon in Österreich tätig?
Ja, als Personalsachbearbeiter.
— Er war mehrere Jahre als Personalsachbearbeiter in Österreich tätig.

War sie schon in England tätig?
Ja, als Übersetzerin.
— Sie war mehrere Jahre als Übersetzerin in England tätig.

War sie schon in Frankreich tätig?
Ja, als Ausbilderin.
– Sie war mehrere Jahre als Ausbilderin in Frankreich tätig.

War er schon in Spanien tätig?
Ja, als Geschäftsführer einer Montagefirma.
– Er war mehrere Jahre als Geschäftsführer einer Montagefirma in Spanien tätig.

War er schon in Holland tätig?
Ja, als Sachbearbeiter einer Versicherungsfirma.
– Er war mehrere Jahre als Sachbearbeiter einer Versicherungsfirma in Holland tätig.

War er schon in Italien tätig?
Ja, als Leiter eines Rechenzentrums.
– Er war mehrere Jahre als Leiter eines Rechenzentrums in Italien tätig.

„Ist Frau Wagner berufstätig?"   (5)

Beispiel:
Fragen Sie, ob Frau Wagner berufstätig ist!
– Ist Frau Wagner berufstätig?

Jetzt sind Sie an der Reihe!

Fragen Sie, ob Frau Wagner berufstätig ist!
– Ist Frau Wagner berufstätig?

Fragen Sie, welchen Beruf Frau Wagner hat!
– Welchen Beruf hat Frau Wagner?

Fragen Sie, wo und in welcher Firma Frau Wagner arbeitet!
– Wo und in welcher Firma arbeitet Frau Wagner?

Fragen Sie, was Frau Wagner tun wird, wenn ihr Mann nach Frankfurt geht!
– Was wird Frau Wagner tun, wenn ihr Mann nach Frankfurt geht?

Fragen Sie, ob Frau Wagner auch nach dem Umzug noch berufstätig sein wird!
– Wird Frau Wagner auch nach dem Umzug noch berufstätig sein?

Fragen Sie, wann Frau Wagner die neue Wohnung einrichten will!
– Wann will Frau Wagner die neue Wohnung einrichten?

Fragen Sie, warum Frau Wagner als Übersetzerin bei Euro-Engineering arbeiten möchte!
— Warum möchte Frau Wagner als Übersetzerin bei Euro-Engineering arbeiten?

„Ich hatte aber an ein Gehalt über zweitausend Mark gedacht" (6)

In der folgenden Übung müssen Sie immer versuchen, zu widersprechen und das Gegenteil zu sagen.

Beispiel:
Wir haben an ein Gehalt unter zweitausend Mark gedacht.
— Ich hatte aber an ein Gehalt über zweitausend Mark gedacht.

Jetzt sind Sie an der Reihe!

Wir haben an ein Gehalt unter zweitausend Mark gedacht.
— Ich hatte aber an ein Gehalt über zweitausend Mark gedacht.

Wir haben nicht mit einer Weihnachtsgratifikation gerechnet.
— Ich hatte aber mit einer Weihnachtsgratifikation gerechnet.

Wir haben kein kostenloses Mittagessen bekommen.
— Ich hatte aber ein kostenloses Mittagessen bekommen.

Wir müssen das ganze Gehalt versteuern.
— Ich mußte aber nicht das ganze Gehalt versteuern.

Wir können die Krankenkasse frei wählen.
— Ich konnte aber die Krankenkasse nicht frei wählen.

Wir sind mit einem solchen Gehalt voll rentenpflichtig.
— Ich war aber mit einem solchen Gehalt nicht voll rentenpflichtig.

Wir wollen den Urlaub mit Vorgesetzten und Kollegen abstimmen.
— Ich wollte aber den Urlaub nicht mit Vorgesetzten und Kollegen abstimmen.

„Seine Leistungen können abgeschätzt werden, wenn die Probezeit abgelaufen ist" (7)

Beispiel:
Wann können seine Leistungen abgeschätzt werden?
Nach Ablauf der Probezeit.
— Seine Leistungen können abgeschätzt werden, wenn die Probezeit abgelaufen ist.

Jetzt sind Sie an der Reihe!

Wann können seine Leistungen abgeschätzt werden?
Nach Ablauf der Probezeit.
— Seine Leistungen können abgeschätzt werden, wenn die Probezeit abgelaufen ist.

Wann kann der Bonus erhöht werden?
Nach Ablauf des Geschäftsjahres.
— Der Bonus kann erhöht werden, wenn das Geschäftsjahr abgelaufen ist.

Wann kann die Pension gezahlt werden?
Nach Eintritt des Mitarbeiters in die Pensionskasse.
— Die Pension kann gezahlt werden, wenn der Mitarbeiter in die Pensionskasse eingetreten ist.

Wann kann Herr Wagner an Kursen teilnehmen?
Nach Beendigung der Probezeit.
— Herr Wagner kann an Kursen teilnehmen, wenn die Probezeit beendet ist.

Wann kann Herr Wagner in Urlaub gehen?
Nach Abstimmung des Zeitplans mit den Kollegen.
— Herr Wagner kann in Urlaub gehen, wenn er den Zeitplan mit den Kollegen abgestimmt hat.

Wann kann Frau Wagner ihre Berufstätigkeit beenden?
Nach Einrichtung ihrer Wohnung.
— Frau Wagner kann ihre Berufstätigkeit beenden, wenn sie ihre Wohnung eingerichtet hat.

Wann kann Frau Wagner nach Frankfurt gehen?
Nach Aufgabe ihrer Stellung in Kassel.
— Frau Wagner kann nach Frankfurt gehen, wenn sie ihre Stellung in Kassel aufgegeben hat.

4 C Fragen und Antworten (Tonband)

HÖREN Sie sich die Fragen an. SPRECHEN Sie in den Pausen, d.h. beantworten Sie die Fragen nach bestem Vermögen. Wiederholen Sie jeweils die anschließende Modellantwort des Sprechers. Auf dem Tonband folgen diese Fragen und Antworten den Vier-Phasen-Übungen 4 B.

4 D Fragen

LESEN Sie die Fragen. SCHREIBEN Sie Ihre Antworten auf. Die Modellantworten zum Vergleich finden Sie unter 4 E.

1. Welchen Beruf hatte Herr Wagner in seiner Heimatstadt Linz?
2. Warum hat er in Deutschland studiert?
3. Wo ist Frau Wagner, während ihr Mann mit Herrn Jung spricht?
4. Nennen Sie Beispiele für die zentralen Aufgaben, die von der Verwaltungsgesellschaft übernommen werden.
5. Für welche Fragen war Herr Wagner in dem Linzer Unternehmen zuständig?
6. Was macht Frau Wagner beruflich?
7. Welche Genehmigung braucht Herr Wagner, damit er bei Euro-Engineering arbeiten kann?
8. Was ist die Voraussetzung für die Erteilung der Arbeitserlaubnis?
9. Wird die Gratifikation im Vertrag zugesagt?
10. Nach welchen Kriterien sind die Gehälter strukturiert?
11. Was kann Herr Wagner erwarten, wenn er seine Probezeit erfolgreich beendet?
12. Warum muß das Mittagessen versteuert werden?
13. In welchen Versicherungen wäre Herr Wagner pflichtversichert?
14. Warum kommt für ihn keine Pflichtversicherung in der Krankenkasse in Betracht?
15. Welche nichtinternen Weiterbildungsmaßnahmen gibt es bei der Firma Euro-Engineering?

4 E Modellantworten

1. Er war dort kaufmännischer Angestellter.
2. Er wollte seine beruflichen Möglichkeiten verbessern.
3. Sie ist bei Verwandten in Frankfurt, wo sie sich später mit ihrem Mann trifft.
4. Personalwesen, EDV, Rechtswesen, Organisation.
5. Für Personalfragen, Steuerfragen und Sozialversicherungsfragen.
6. Sie ist Übersetzerin für Englisch und Französisch.
7. Er braucht eine Arbeits- und eine Aufenthaltserlaubnis.
8. Es muß ein unbefristetes Arbeitsverhältnis vorliegen.
9. Nein, es handelt sich um eine freiwillige Leistung.
10. Nach Beruf, Alter und Leistung.
11. Eine Gehaltserhöhung in der Größenordnung von zehn Prozent.
12. Weil es als Sachwert praktisch einen Teil des Gehalts darstellt.
13. In der Renten- oder Angestelltenversicherung und der Arbeitslosenversicherung.
14. Weil sein Gehalt über der sogenannten Pflichtgrenze liegt.
15. Seminare bei offiziellen und privaten Fachinstituten.

4 F Audio-Test (Tonband und Buch)

HÖREN Sie sich die Satzanfänge an, die Ihre Tonbandlehrer vorlesen, und kreuzen Sie auf diesem Testbogen jeweils diejenigen Schlußfassungen der Sätze an, die den Dialoginformationen entsprechen. Auf dem Tonband folgt dieser Audio-Test den Modellantworten 4 E. Den Schlüssel zu diesem Test finden Sie unter 4 G.

Beispiel:

Herrn Wagners Frau ist auch . . .

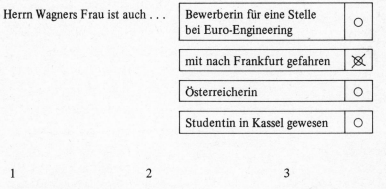

Bewerberin für eine Stelle bei Euro-Engineering	○
mit nach Frankfurt gefahren	⊗
Österreicherin	○
Studentin in Kassel gewesen	○

1 2 3

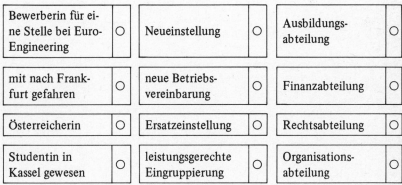

Bewerberin für eine Stelle bei Euro-Engineering	○	Neueinstellung	○	Ausbildungs-abteilung	○
mit nach Frankfurt gefahren	○	neue Betriebs-vereinbarung	○	Finanzabteilung	○
Österreicherin	○	Ersatzeinstellung	○	Rechtsabteilung	○
Studentin in Kassel gewesen	○	leistungsgerechte Eingruppierung	○	Organisations-abteilung	○

55

4

die Stellen-beschreibung	O
die Bewerbungen	O
die Stellenaus-schreibung	O
den Einstellungs-vertrag	O

5

Herr Wagner in Österreich	O
die Firma in Deutschland	O
Herr Wagner in Deutschland	O
die Firma in Österreich	O

6

jährlich	O
nach Beendigung der Probezeit der Mitarbeiter	O
zum Quartalsende	O
in Abstimmung mit den Vorge-setzten und Kollegen	O

7

fachbezogene Seminare	O
eine Fachhoch-schule	O
EG-Seminare	O
Betriebswirt-schaftskurse	O

8

einem Monat zum Ende der Probezeit	O
drei Monaten zum Ende der Probezeit	O
drei Monaten zum Quartalsende	O
einem Monat zum Monatsende	O

9

das tarifliche Gehalt	O
die sogenannte Pflichtgrenze	O
das Maigehalt	O
die Weihnachts-gratifikation	O

1. Herrn Wagners Frau ist auch . . . (mit nach Frankfurt gefahren).

2. Herrn Wagners Stellenbeschreibung ist ganz jungen Datums, denn in seinem Fall handelt es sich um eine . . . (Neueinstellung).

3. Im Zusammenhang mit dem Aufbau einer Personaldatenbank soll ein Mitarbeiter der Personalabteilung deren Arbeit koordinieren mit der Arbeit der EDV-Abteilung und der . . . (Organisationsabteilung).

4. Die Firma Euro-Engineering sucht auch eine Übersetzerin. Um Frau Wagner, die ja Übersetzerin ist, entsprechend zu informieren, gibt Herr Jung Herrn Wagner . . . (die Stellenausschreibung).

5. Den Antrag für die Erteilung der Arbeitsgenehmigung stellt . . . (die Firma in Deutschland).

6. Die Orientierung der Gehaltspolitik der Firma an den Tarifverträgen der Gewerkschaften betrifft unter anderem die Überprüfung der Gehälter. Diese erfolgt in Zukunft wohl . . . (jährlich).

7. Was die Aus- und Weiterbildung betrifft, so bietet Euro-Engineering neben der Ausbildung am Arbeitsplatz selbst Fremdsprachenkurse und . . . (fachbezogene Seminare).

8. Während der Probezeit hat Herr Wagner eine Kündigungsfrist von . . . (einem Monat zum Monatsende).

9. Das Urlaubsgeld beträgt für Herrn Wagners Altersgruppe rund dreißig Prozent, bezogen auf . . . (das Maßgehalt).

4 H Zusammenfassung (Tonband)

HÖREN Sie sich die folgende Zusammenfassung der Dialoge 1 A, 2 A, 3 A an, und machen Sie sich dabei kurze Notizen wie bei einer Besprechung oder einem Kurzreferat. Versuchen Sie dann, anhand der Notizen den Inhalt der Zusammenfassung zu rekonstruieren.

SCHREIBEN Sie anschließend den Text nach Diktat vom Tonband, und korrigieren Sie schließlich etwaige Fehler durch Vergleichen mit 4 I.

4 I Zusammenfassung (Text)

Bedingt durch das starke Ansteigen des Personalbedarfs bei Euro-Engineering Frankfurt wird auch eine Erweiterung der Personalabteilung notwendig. Herr Wagner hat sich für die neu zu besetzende Stelle eines Personalsachbearbeiters beworben. Er bringt gute Voraussetzungen dafür mit: Er hat erstens ein abgeschlossenes Studium der Betriebswirtschaft und zweitens einschlägige Erfahrung aus der Tätigkeit in einem österreichischen Unternehmen. Zu den Aufgaben des neuen Sachbearbeiters gehört neben der Personalwerbung und Einstellung auch die Koordinierung der Arbeit der Personalabteilung mit der EDV-Abteilung und die Betreuung des Bereichs Wohnungswesen. Beim Gehaltsangebot haben wir uns in etwa an den derzeitigen Tarifverträgen orientiert, wonach zur Zeit ca. DM 2.000,– pro Monat bezahlt werden. Wir haben die grundsätzliche Möglichkeit einer Gehaltserhöhung nach erfolgreicher Beendigung der Probezeit betont, womit wir auch den individuellen Leistungen gerecht zu werden versuchen. Herr Wagner unterstrich, daß es ihm in erster Linie darauf ankommt, eine Aufgabe zu finden, die ihn befriedigt und für die er sich begeistern kann. Als Österreicher braucht Herr Wagner eine Arbeits- und Aufenthaltsgenehmigung. Den entsprechenden Antrag stellt Euro-Engineering. Die Frau von Herrn Wagner käme für unsere Übersetzungsabteilung in Frage. Bei ihr würden derartige Formalitäten entfallen, denn sie ist Deutsche. Nach Durchsicht der Zeugnisse von Herrn Wagner und im Anschluß an das Vorstellungsgespräch halten wir den Bewerber für geeignet.

4 J Arbeitstexte

LESEN Sie diese Texte. Schlagen Sie unbekannte Wörter möglichst in einem einsprachigen Lexikon nach.

Euro-Engineering schickt Herrn Wagner folgenden Anstellungsvertrag:

Herrn
Hans Wagner

35 KASSEL
Wilhelmshöher Str. 74

Unsere Zeichen	Telefon	Frankfurt (Main)
Ju/RiWo	(0611) 22 46 58	10. Januar 1975

Anstellungsvertrag

Wir beziehen uns auf die mit Ihnen geführte Unterredung und er-
klären uns bereit, Sie als Personalsachbearbeiter in die Dienste
unserer Gesellschaft zu übernehmen.

Ihr Eintritt erfolgt sofort nach Erhalt Ihrer Arbeits- und
Aufenthaltsgenehmigung.

Die Einstellung erfolgt unter der Voraussetzung, daß die ver-
trauensärztliche Untersuchung einen befriedigenden Ausgang hat.

Es gilt als vereinbart, daß Sie von uns auch mit anderen, Ihren
Fähigkeiten und Ihrer Vorbildung entsprechenden Aufgaben an
einem anderen Arbeitsplatz im In- und Ausland beauftragt werden
können, soweit es die geschäftlichen Belange erfordern. In diesem Falle gelten die betriebsüblichen Regelungen.

Wir beschäftigen Sie zunächst 6 Monate zur Probe. Während der
Probezeit kann das Arbeitsverhältnis beiderseits unter Einhaltung
der gesetzlichen Mindestfrist von einem Monat zum Monatsende
beendet werden. Nach Ablauf der Probezeit gilt alsdann beiderseits eine Kündigungsfrist von 3 Monaten zum Quartalsende. Das
Anstellungsverhältnis endet ohne vorherige Kündigung mit dem
Beginn des Monats, für welchen Sie vor Vollendung des 65. Lebensjahres erstmals Altersruhegeld beziehen, spätestens aber mit
Ablauf des Monats, in dem Sie das 65. Lebensjahr vollenden.

Als Gehalt haben wir

DM 2.200,-- brutto

monatlich vereinbart.

Wir bitten Sie, über Ihre Bezüge Dritten gegenüber Stillschweigen zu bewahren.

Der jährliche Urlaub richtet sich nach der jeweils gültigen betrieblichen Urlaubsordnung. Er beträgt für Sie zunächst jährlich 21 Arbeitstage.

Mit Ihrer Einstellung werden Sie in unsere Versorgungskasse aufgenommen, sofern sich aus dem vertrauensärztlichen Gutachten keine Bedenken gegen Ihre Aufnahme ergeben. Nach den Satzungsbestimmungen der Versorgungskasse sind Sie berechtigt und verpflichtet, während der Dauer Ihres Angestelltenverhältnisses die Mitgliedschaft aufrechtzuerhalten. Die Satzungen der Kasse liegen zur Einsichtnahme in unserer Personalabteilung auf. Wir bitten Sie, die beigefügten 2 Aufnahmescheine am Tag Ihres Eintritts ausgefüllt zurückzugeben.

Sie verpflichten sich, während des Arbeitsverhältnisses Geschäfts- und Betriebsgeheimnisse unserer Firma, insbesondere in Verbindung mit Verfahren, Anlagen, Apparaturen, Zeichnungen, Schutzrechten und sonstigen kaufmännischen und technischen Einzelheiten streng geheimzuhalten, keinem Dritten davon Kenntnis zu geben, auch weder direkt noch indirekt für sich oder Dritte unbefugt davon Gebrauch zu machen. Die Geheimhaltungspflicht bleibt auch nach Ihrem Ausscheiden aus dem Arbeitsverhältnis bestehen.

Geschäfts- und Betriebsgeheimnisse sind solche Angelegenheiten, die ihrer Natur nach geheimzuhalten sind und deren Bekanntgabe an dritte Personen einen geschäftlichen Nachteil für die Firma zur Folge haben kann.

Veröffentlichungen über unsere Arbeitsgebiete in Fachzeitschriften oder in Vorträgen bedürfen der vorherigen Zustimmung der Geschäftsführung; das gleiche gilt für jede Ausübung einer Nebentätigkeit.

Sämtliche Personenstandsänderungen (Verehelichung, Geburten, Todesfälle usw.) sowie Wohnungsänderungen sind unverzüglich der Personalabteilung zu melden.

Änderungen oder Ergänzungen des Anstellungsvertrages bedürfen der Schriftform.

Wir bitten Sie, uns Ihr Einverständnis mit dem Inhalt dieses Schreibens nebst Anlagen auf der beigefügten Zweitschrift zu bestätigen und diese kurzfristig an uns zurückzusenden.

Wir hoffen auf eine angenehme und vertrauensvolle Zusammenarbeit.

Mit freundlichen Grüßen

EURO-ENGINEERING

Dr. Fichte   ppa Jung

Anlagen

60

Auszug aus einer Informationsbroschüre, die das Presse- und Informationsamt der Stadt Frankfurt am Main für ausländische Arbeitnehmer herausgegeben hat.

I. Aufenthalt in der Bundesrepublik Deutschland

Ausländer, die zur Aufnahme einer Erwerbstätigkeit in die BRD einreisen wollen, müssen im Besitz einer Legitimationskarte einer im Ausland tätigen Kommission der Bundesanstalt für Arbeit sein oder im Besitz einer Aufenthaltserlaubnis in der Form eines Sichtvermerkes, die von der deutschen Vertretung im Ausland erteilt wird.

Hiervon sind nur gesetzlich begünstigte Staatsangehörige bestimmter Staaten ausgenommen (z.B. EWG-Angehörige). Ausländer, die zum Zwecke der Arbeitsaufnahme ohne Legitimationskarte oder Sichtvermerk einreisen, müssen wieder ausreisen.

Die Aufenthaltserlaubnis erlischt durch Zeitablauf oder, wenn der Ausländer keinen gültigen Paß oder Paßersatz mehr besitzt, wenn er seine Staatsangehörigkeit wechselt oder verliert, wenn er das Bundesgebiet aus einem seiner Natur nach nicht vorübergehenden Grund verläßt oder wenn er ausgewiesen wird.

1. Aufenthaltserlaubnis

Bei Vorhandensein eines Arbeitsvertrages mit Legitimationskarte

Arbeitnehmer, die von einer im Ausland tätigen Stelle der Bundesanstalt für Arbeit (Anwerbekommission) angeworben wurden und im Besitz eines Arbeitsvertrages mit Legitimationskarte sind, haben neben der Anmeldung (siehe nächsten Absatz) den Antrag auf Erteilung der Aufenthaltserlaubnis zu stellen. Den hierzu erforder-

lichen Vordruck hält die Meldestelle bereit. (Siehe Anmeldung Seite 6.)

Der Antrag ist mit einem Lichtbild zu versehen und an die Zahlung einer Verwaltungsgebühr gebunden. Die unten angegebenen Unterlagen sind mitzubringen.

Die Meldestelle gibt dem Anzumeldenden einen Termin, wann er bei der Abteilung „Ausländerangelegenheiten" im Polizeipräsidium zur Erteilung der Aufenthaltserlaubnis vorsprechen kann.

Die Anschrift des Polizeipräsidiums lautet:

Polizeipräsidium
6000 Frankfurt/Main
Friedrich-Ebert-Anlage 11
Tel. 23 05 41 / 75 55 11

Sprechstunden: Montags, mittwochs und freitags von 7.30–13 Uhr

Benötigte Unterlagen:

Legitimationskarte
Lichtbild
Gültiger Paß
(Siehe auch Anmeldung, Seite 6.)

2. Aufenthaltsanzeige

Bei Vorhandensein einer Aufenthaltserlaubnis in der Form des Sichtvermerks

Arbeitnehmer, die mit einer Aufenthaltserlaubnis in der Form des Sichtvermerks, erteilt von einer deutschen Auslandsvertretung, eingereist sind, haben ihren Aufenthalt unverzüglich der Ausländerbehörde anzuzeigen.

Diese Aufenthaltsanzeige wird in Frankfurt am Main von der zuständigen Meldestelle (siehe nächsten Absatz) aus Anlaß der Anmeldung entgegengenommen.

Unter Vorlage des Passes und der Anmeldebestätigung ist beim Arbeitsamt (siehe Seite 8, Absatz: Arbeitserlaubnis) die Arbeitserlaubnis für den vorgesehenen Arbeitgeber zu beantragen. Nach Abgabe der Aufenthaltsnazeige muß innerhalb einer Woche eine ärztliche Untersuchung erfolgen (siehe Seite 13, Absatz: Ärzte). In Frankfurt kann hierfür ein Arzt nach freier Wahl in Anspruch genommen werden. Der zur Untersuchung notwendige Vordruck ist im Papierwarengeschäft Honsack Frankfurt/Main Berliner Str. 62 käuflich zu erwerben. Die vom Arzt ausgestellte Bescheinigung ist der Ausländerbehörde zuzustellen.

Benötigte Unterlagen:

Gültiger Paß mit Aufenthaltserlaubnis in Form des Sichtvermerks. (Siehe auch Anmeldung, Seite 6, und Arbeitserlaubnis, Seite 8.)

3. Anmeldung

Wer eine Wohnung bezieht, hat sich innerhalb einer Woche bei der Meldebehörde anzumelden. Bei besuchsweiser Unterkunft in einer Beherbungsstätte (Hotel, Wohnheim o.ä.) ist die Anmeldung ebenfalls innerhalb einer Woche erforderlich, wenn der Aufenthalt in der BRD die Dauer von 2 Monaten übersteigt. Der Standort der jeweils zuständigen Meldestelle ist in der Regel dem Wohnungsgeber (Vermieter) oder dem Arbeitgeber bekannt.

Es ist darauf zu achten, daß das Formular zur Anmeldung vom Wohnungsgeber (Hauseigentümer oder Verwalter und bei einem Untermietsverhältnis vom Hauptmieter) unterschrieben ist. Der hierzu notwendige Vordruck ist in jedem Papiergeschäft käuflich zu erwerben, oder bei den Meldestel-

len kostenlos zu erhalten.
Öffnungszeiten der Meldestellen: Montags bis freitags von 7.30 bis 15.00 Uhr.

Benötigte Unterlagen:

Gültiger Paß

Formular zur Anmeldung, ausgefüllt und mit Unterschrift des Wohnungsgebers versehen (siehe auch Aufenthaltsanzeige Seite 5).

Bei Zuzug aus einer Gemeinde der BRD auch die Abmeldebestätigung der dortigen Behörde.

4. Abmeldung

Wer seine Wohnung aufgibt, ist verpflichtet, sich abzumelden. Hierzu gibt es auch einen besonderen Vordruck, der in jedem Papiergeschäft erhältlich ist oder von den Meldestellen kostenlos abgegeben wird.

Wird innerhalb des Stadtgebietes eine andere Wohnung bezogen, so genügt die Anmeldung bei der für die neue Wohnung zuständigen Meldestelle.

Benötigte Unterlagen:

Formular zur Abmeldung
Gültiger Paß

5. Ausweispflicht – Konsulate

Ausländer, die sich in der BRD aufhalten, müssen sich durch einen gültigen Paß ausweisen. Für Angehörige der EWG-Staaten genügt der amtliche Personalausweis.

Für Paßfragen sind die Konsulate des jeweiligen Heimatlandes zuständig.

Weigert sich ein Konsulat, dem Ausländer einen gültigen Paß oder Paßersatz auszustellen, so kann er unter bestimmten Voraussetzungen von der für ihn zuständigen Ausländerbehörde einen Fremdenpaß erhalten (nähere Informationen bei der Ausländerbehörde und den Beratungsstellen).

II. Arbeitsverhältnis

1. Arbeitserlaubnis

Jeder ausländische Arbeitnehmer benötigt eine Arbeitserlaubnis, wenn er eine Arbeit in der BRD aufnehmen will.

Von diesem Grundsatz sind unter anderem die Angehörigen der EWG-Staaten ausgenommen.

Die von der deutschen Kommission im Ausland ausgestellte Legitimationskarte ist zugleich Arbeitserlaubnis.

Die Arbeitserlaubnis ist grundsätzlich vor Aufnahme einer Beschäftigung beim Arbeitsamt zu beantragen. Arbeitgeber und ausländische Arbeitnehmer handeln ordnungswidrig, wenn eine Arbeit ohne Arbeitserlaubnis aufgenommen wird. Die Ordnungswidrigkeit kann mit einer Geldbuße geahndet werden.

Benötigte Unterlagen:
Gültiger Paß mit Aufenthaltsgenehmigung zur Arbeitsaufnahme.

Vordruck zur Arbeitserlaubnis mit Unterschrift des Arbeitgebers und Arbeitnehmers.

2. Arbeitsvermittlung

Das Arbeitsamt ist für die Vermittlung der Arbeitsstellen zuständig. Dort können Sie sich auch beraten lassen und z.B. erfahren, ob die betreffenden Betriebe Unterkunft für ausländische Arbeitnehmer zur Verfügung haben.

3. Arbeitsrecht (Allgemeines)

Der ausländische Arbeitnehmer besitzt grundsätzlich die gleichen Rechte und Pflichten wie jeder deutsche Arbeitnehmer.

Die arbeitsrechtlichen Bestimmungen befinden sich in verschiedenen Gesetzbüchern und Einzelgesetzen. Besonders wichtig für die ausländischen Arbeitnehmer sind der Arbeitsvertrag, die Tarifverträge, sowie die jeweils geltenden Betriebsvereinbarungen.

4. Betriebsrat

Der Betriebsrat ist ein Vertretungsorgan der gesamten Belegschaft. Er hat die Aufgabe, die Interessen der Belegschaft gegenüber dem Arbeitgeber zu vertreten.

Der Betriebsrat wird in geheimer und unmittelbarer Wahl gewählt. Die ausländischen Arbeitnehmer können genau wie ihre deutschen Kollegen wählen und gewählt werden.

Der Betriebsrat hat darüber zu wachen, daß die zugunsten der Arbeitnehmer geltenden Gesetze, Verordnungen, Tarifverträge und Betriebsvereinbarungen durchgeführt werden; außerdem hat er die Beschwerden von Arbeitnehmern entgegenzunehmen und, falls sie berechtigt erscheinen, durch Verhandlungen mit dem Arbeitgeber Abhilfe zu schaffen. In den Betriebsratsbüros einiger großer Firmen gibt es besondere Sprechstunden für ausländische Arbeitnehmer.

Das Hessische Sozialministerium hat die Schrift „Informationen für ausländische Arbeitnehmer in Hessen" herausgegeben, in der wichtige Fragen der Gesellschaft und der Arbeitswelt ausführlich behandelt werden. In Betriebsratsbüros ist diese Schrift in Deutsch, Griechisch, Italienisch, Spanisch, Serbo-Kroatisch und Türkisch vorhanden. Außerdem kann man dort konkrete Auskünfte und Hinweise über die Arbeitsgesetze, Arbeitsvertrag, Tarifvertrag und Betriebsvereinbarungen erhalten.

5. Gewerkschaften

Die ausländischen Arbeitnehmer können, genau wie ihre deutschen Kollegen, Mitglieder einer Gewerkschaft werden, die sie nicht nur beraten sondern auch vertreten kann.

In den Betrieben gibt es in der Regel Vertrauensleute der Gewerkschaft, die von ihren Arbeitskollegen gewählt wurden. Sie sind die Vertreter ihrer Organisation im Betrieb.

Die Dachorganisation der wichtigsten und größten Einzelgewerkschaften in der BRD ist der Deutsche Gewerkschaftsbund (DGB). Der Bund und die in ihm vereinigten Gewerkschaften sind demokratisch aufgebaut und unabhängig von Regierungen, Parteien, Religionsgemeinschaften und Arbeitgebern.

In Frankfurt am Main haben die meisten Einzelgewerkschaften eine Verwaltungsstelle, an die sich die Mitglieder wenden können.

Der DGB in Frankfurt ist außerdem der Träger einer Zentralberatungsstelle für alle ausländischen Arbeitnehmer, und zwar für Mitglieder und Nichtmitglieder einer Gewerkschaft. Diese zentrale Beratungsstelle unterhält Sprechstunden für folgende Sprachgruppen: Griechen, Italiener, Jugoslawen, Portugiesen, Spanier und Türken.

Außer den Einzelgewerkschaften des DGB existiert auch eine Gewerkschaft für Angestellte: Die Deutsche Angestellten-Gewerkschaft (DAG) mit Sitz in 6 Frankfurt/Main.

6. Arbeitsgericht

Die Arbeitsgerichte sind zuständig für die Entscheidung von Rechtsstreitigkeiten zwischen Arbeitnehmern und Arbeitgebern aus dem Arbeitsverhältnis. Eine Klage kann entweder schriftlich eingereicht oder mündlich zu Protokoll der Geschäftsstelle des Arbeitsgerichts erhoben werden.

Die Parteien können vor den Arbeitsgerichten den Rechtsstreit selbst führen oder sich vertreten lassen durch Vertreter von Gewerkschaften (für die Arbeiter) oder von Arbeitgeberverbänden (für die Arbeitgeber). Auch Rechtsanwälte sind bei einem Streitwert von über 300,- DM zugelassen.

III. Sozialversicherungen

1. Krankenversicherung:

a) Die Krankenkassen

Die Krankenkassen gewähren Personen, die bei ihnen versichert sind, Krankenhilfe, Mutterschaftshilfe, Familienhilfe sowie Sterbegeld und führen Maßnahmen zur Früherkennung von Krankheiten durch. Es gibt verschiedene Arten von gesetzlichen Krankenkassen. Der Arbeitgeber meldet den Arbeitnehmer bei der Krankenkasse an, die für ihn zuständig ist.

In Frankfurt am Main ist die Allgemeine Ortskrankenkasse die größte gesetzliche Krankenkasse.

b) Krankengeld

In der Regel haben alle Arbeiter, die infolge einer Erkrankung von einem Arzt arbeitsunfähig geschrieben wurden, Anspruch auf Lohnfortzahlung bis zu einer Dauer von 6 Wochen.

Nach Wegfall der Lohnfortzahlungspflicht des Arbeitgebers besteht gegenüber der Krankenkasse Anspruch auf Krankengeld. Erkrankt ein ausländischer Arbeitnehmer oder einer seiner Familienangehörigen in der BRD oder im Ausland, hat er Anspruch auf Krankenversicherungsleistungen.

c) Verhalten bei Erkrankungen

Die Allgemeine Ortskrankenkasse, Frankfurt/M. verfügt über gesonderte Merkblätter in verschiedenen Sprachen, die ausführliche Auskunft und Hinweise über die Fragen geben.

d) Ärzte

Jeder Versicherte hat das Recht, sich einen Arzt unter den zugelassenen Kassen- und Kassenzahnärzten auszuwählen. Zu Beginn der Behandlung ist dem Arzt ein Krankenschein auszuhändigen.

2. Rentenversicherung

In der Bundesrepublik Deutschland sind in der Regel alle Arbeiter und Angestellten in den gesetzlichen Rentenversicherungen versicherungspflichtig. Bei Beginn des Beschäftigungsverhältnisses hat der Arbeitnehmer dem Arbeitgeber sein Versicherungsnachweisheft auszuhändigen. Dieses Versicherungsnachweisheft – das ab 1.1.1973 im Rahmen des neuen Meldeverfahrens die bisher gebräuchliche Versicherungskarte abgelöst hat – ist generell über die zuständige Krankenkasse (bei der der Arbeitnehmer Mitglied ist) beim Rentenversicherungsträger zu beantragen.

Der Arbeitgeber ist verpflichtet, die Versicherungsnachweishefte seiner Arbeitnehmer während der Dauer des Beschäftigungsverhältnisses aufzubewahren.

Bei Beendigung der Beschäftigung in der Bundesrepublik Deutschland händigt der Arbeitgeber dem Arbeitnehmer sowohl eine Durchschrift der letzten Entgeltbescheinigung als auch das Versicherungsnachweisheft aus.

Es empfiehlt sich, daß der Arbeitnehmer vor der Rückkehr in sein Heimatland beim Versicherungsamt, während der üblichen Sprechtage, vorspricht und sich über die von ihm erworbenen Ansprüche aus der gesetzlichen Rentenversicherung (Berechtigung zur freiwilligen Versicherung aus dem Ausland, Beitragserstattung etc.) beraten läßt.

Benötigte Unterlagen für die Antragstellung des Versicherungsnachweisheftes:
    Paß
    Anmeldebestätigung.

3. Arbeitslosenversicherung

Fast alle Arbeitnehmer sind von der Arbeitslosenversicherung erfaßt, da es sich um eine gesetzliche Pflichtversicherung handelt. Die Durchführung der Arbeitslosenversicherung obliegt dem Arbeitsamt (siehe Anschrift Seite 9), das auf Wunsch nähere Informationen erteilt.

4. Sozialgerichtsbarkeit

Für öffentlich-rechtliche Streitigkeiten in Angelegenheiten der Krankenversicherung, der Rentenversicherung und der Arbeitslosenversicherung sind die Sozialgerichte zuständig.

IV. Steuer

1. Lohnsteuerkarte

Jeder Arbeitnehmer ist verpflichtet, sein Arbeitseinkommen zu versteuern. Der Arbeitgeber muß die einbehaltene Lohnsteuer auf einer Lohnsteuerkarte eintragen.

Jedes Jahr im Herbst bringt die Post die neue Steuerkarte für das kommende Kalenderjahr ins Haus. Beginnt man innerhalb eines Kalenderjahres mit der Arbeit, muß die Lohnsteuerkarte bei der Lohnsteuerkartenstelle abgeholt werden.

Benötigte Unterlagen:
    Anmeldung
    Aufenthaltserlaubnis muß im Paß
    eingestempelt sein
    (über 6 Monate)
    Arbeitserlaubnis.

2. Lohnsteuerjahresausgleich

Jeder Arbeitnehmer muß für seinen Arbeitsverdienst Lohnsteuer zahlen, die der Arbeitgeber direkt an das Finanzamt abführt. Steuerüberzahlungen – durch Einkommensteuerschwankungen im Laufe eines Kalenderjahres bedingt – können bis jeweils zum 30. April für das zurückliegende Jahr mit besonderem Antrag vom Finanzamt zurückverlangt werden.

Kostenlose Formulare und Beratung beim zuständigen Finanzamt.

Das Finanzamt überweist die überbezahlte Lohnsteuer nur an die von Ihnen angegebene Adresse.

Beantragen Sie die Überweisung auf ein Bankkonto, dann sollte das Konto möglichst auf Ihren Namen lauten. Nur Sie sollten über den überwiesenen Betrag verfügen dürfen.

Haben Sie kein Bankkonto, dann beantragen Sie die Überweisung bar durch die Post an Ihre Wohnanschrift im Inland oder an Ihre Heimatanschrift (genaue Angabe der Anschrift unbedingt erforderlich).

Beantragen Sie aber die Überweisung an eine dritte Person, dann prüfen Sie deren Vertrauenswürdigkeit! Vorsicht ist vor allem dann geboten, wenn Sie Ihre Forderung auf Steuerrückzahlung gegen Zahlung eines festen Betrages einem Dritten übertragen (Abtretung, Verkauf). Lassen Sie sich in diesen Fällen vorher über die voraussichtliche Höhe des Erstattungsanspruchs aufklären!

Prüfen Sie ferner, ob von Ihnen nicht für die vorzeitige Auszahlung zu hohe Zwischenzinsen und eine zu hohe Bearbeitungsgebühr verlangt wird.

Überlassen Sie aber auf keinen Fall Ihre Lohnsteuerkarte – auch nicht gegen Geld – einem Unbekannten!

Und leisten Sie nie eine Blankounterschrift!

VI. Die Wohnung

1. Betriebsunterkünfte

Wenn Sie in Ihrem Heimatland von einer Kommission der Deutschen Bundesanstalt für Arbeit angeworben wurden und einen Arbeitsvertrag erhalten haben, dann hat sich Ihr Arbeitgeber mit dem Vertrag verpflichtet, Ihnen eine Unterkunft zur Verfügung zu stellen.

Die Arbeitsämter wachen darüber, daß die geltenden Vorschriften und Richtlinien erfüllt werden. Dort kann man auch zusätzliche Auskünfte erhalten und Anliegen und Beschwerden vorbringen.

2. Wohnungssuche auf dem freien Wohnungsmarkt

Auch in Frankfurt herrscht Wohnungsmangel. Es ist nicht einfach, auf dem freien Wohnungsmarkt eine passende Wohnung zu finden. Am besten bedient man sich Zeitungsinseraten und Vermittlungsbüros. In besonderen Fällen kann auch das Wohnungsamt helfen.

3. Sozialwohnungen

In der BRD gibt es wie in vielen anderen Ländern Wohnungen, die von der öffentlichen Hand mitfinanziert werden. Die Miete für diese Wohnungen ist vergleichsweise wesentlich niedriger als für Wohnungen auf dem freien Wohnungsmarkt. Nicht alle Interessenten können aber eine solche Wohnung bekommen. Man muß dafür bestimmte Bedingungen erfüllen (z.B. darf das Monatseinkommen eine bestimmte Grenze nicht überschreiten). Sehr oft muß auch eine lange Wartezeit in Kauf genommen werden. Ausländer haben dieselben Rechte wie Deutsche.

Bei der Wohnungssuche kann die Wohnungsvermittlungsstelle gemeinnütziger Wohnungsunternehmen helfen.

Die Aufgaben dieser Stelle sind:

a) Vermittlung von freiwerdenden und neu errichteten Wohnungen – insbesondere Sozialwohnungen – mehrerer Frankfurter Wohnungsunternehmen. Keine Vermittlung von möblierten Einzelzimmern.

b) Erfassung und Beratung von Wohnungssuchenden. Beratung und Vermittlung sind kostenlos.

4. Wohngeld

Wohngeld ist eine staatliche Hilfe für Bürger, deren Einkommen zur Zahlung der Miete für eine angemessene Wohnung nicht ausreicht.

Wenn Sie Wohngeld beanspruchen, müssen Sie einen Antrag stellen. Die Stadtverwaltung hält für Sie Vordrucke bereit und kann Ihnen bei der Ausfüllung behilflich sein.

Nähere Informationen in der Broschüre des Bundesministeriums für Städtebau und Wohnungswesen „Das neue Wohngeld", die in verschiedenen Sprachen herausgegeben wurde.

5. Energieversorgung

Falls Sie eine eigene Wohnung beziehen, müssen Sie mit dem für das Gebiet zuständigen Versorgungsunternehmen einen Versorgungsvertrag abschließen. (Mündliche oder schriftliche Anmeldung des Bezugs.)

XI. Die Post

1. Der Brief

Damit Ihre Angehörigen in Ihrem Heimatland Briefe an Sie richtig adressieren können, schicken Sie ihnen auf einem besonderen Zettel Ihre hiesige Adresse (möglichst in Druckbuchstaben).

Sie muß folgenden Inhalt haben:
Vor- und Zuname, die Postleitzahl und den Ort, Straße und Hausnummer.

Beispiel: Juan Pérez
6000 Frankfurt/Main
Bergerstr. 17

Genauso deutlich wie der Empfänger soll auch der Absender angegeben sein, und zwar auf der unteren linken Hälfte des Briefumschlags oder auf der Rückseite.

Einschreiben
Für die eingeschriebene Briefe-Bezeichnung auf dem Umschlag „Einschreiben" haftet die Post bei Verlust. Der Absender erhält einen Einlieferungsschein, der Empfänger muß den Empfang bestätigen.

Nachnahme
Briefe, die diesen Klebestreifen tragen, werden erst nach Zahlung des „Nachnahmebetrags" ausgeliefert. Auf dem Brief muß dieser Betrag angegeben sein.

Eilzustellung Expreß
Briefe mit diesem Vermerk werden am Bestimmungsort durch Eilboten zugestellt.

Mit Luftpost
Briefe mit diesem Vermerk werden mit Luftpost befördert.

Die Briefmarke
Die Briefmarke gehört in die obere rechte Ecke des Briefes. So können die Briefe maschinell geordnet und gestempelt werden.

2. Das Päckchen und das Paket

Das Päckchen ist eine geeignete Sendungsart für Waren und Gegenstände bis zum Gesamtgewicht von 2 kg. Päckchen müssen gut verpackt sein und sollen ein Doppel der Anschrift enthalten. Die Angabe „Päckchen" muß oberhalb der Anschrift stehen. Das Paket kann bis zu 20 kg wiegen.

3. Geldüberweisung durch die Post

Wenn Sie Geld an Ihre Angehörigen oder an sonstige Personen in Ihrer Heimat schicken wollen, gehen Sie zu einem Postamt. Dort erhalten Sie kostenlos eine „Auslandspostanweisung". Diese füllen Sie mit Tinte oder Kugelschreiber aus. Sie zahlen den Betrag, den Sie überweisen wollen und eine kleine Postgebühr in bar; der Empfänger erhält Bargeld ausgezahlt.
Der linke Abschnitt unterrichtet den Empfänger, den rechten Teil (Einlieferungsschein) erhält der Absender als Quittung. Diese Quittung heben Sie bitte sorgfältig als Beleg der Post gegenüber bei auftretenden Schwierigkeiten auf.

XII. Das Telefon

1. Von wo können Sie sprechen?

Von einem Hauptanschluß, wie ihn Privatleute haben, von einem Fernwahlmünzfernsprecher (Orts- und Ferngespräche selbst wählen, Gebühren durch Geldeinwurf zahlen), von einer Fernsprechstelle im Postamt (Anmeldung und Gebührenzahlung am Schalter).

2. Welche Nummer wählen Sie?

Bei Schwierigkeiten hilft die Auskunft.

Stellenanfragen

Wer in der Bundesrepublik Deutschland Arbeit sucht, hat viele Möglichkeiten, eine passende Stelle zu finden. Eine davon ist eine Anfrage bei einem Arbeitsamt, einer Landesstelle für Arbeitsvermittlung oder bei der Zentralstelle für Arbeitsvermittlung in Frankfurt.

Vielleicht führt Ihre Anfrage sofort zu einem Stellenangebot. Andernfalls wird Ihre Bewerbung vielleicht im Zentralen Bewerberanzeiger der Bundesanstalt für Arbeit veröffentlicht. Aus diesem Blatt stammen die folgenden Texte.

Betriebswirt (grad.)
25 J., verh., SS 73, sucht Anfangsstellung, mögl. im Personalwesen, auch Traineeausbildung. Raum Hannover, Kassel bevorzugt. Lehre und Praxis im Eisenwarengroßhandel, Kenntnisse in Verkauf, Versand u. Lohnbuchhaltung. Schwerpunkt d. Studiums an der Gesamthochschule Kassel liegt im Personal- u. Ausbildungswesen. Wahlfächer: EDV, Organisation.
Landesstelle f. Arbeitsvermittlung, 3 Hannover. **LB 49/564**

Betriebswirt (HWL)
– weibl. – sucht zum 2.1.1974 Stelle als Personalsachbearbeiterin, evtl. auch im Verkauf, bevorzugt im Rhein-Main-Gebiet: 25 J., led., Darmstadt, mittl. Reife, abgeschl. Lehre als Bürokaufm., 5jähr. Tätigkeit als Sachbearbeiterin und Sekretärin, Wirtschaftsfachschule Oberammergau, Prüf. 1973, Kenntnisse und Erfahrungen in Lohnbuchhaltung, Spesenabrechnung, Einkauf, Mahnwesen, Zahlungsverkehr.
Landesstelle f. Arbeitsvermittlung, 6 Frankfurt 1. **LD 49/612**

Assistent des Personalleiters
32 J., verh., **Hamburg, sucht bevorzugt in Hamburg oder Schleswig-Holstein neue Tätigkeit im Personalwesen als Personalleiter in einem Industrieunternehmen oder im öffentlichen Dienst.** Fachprüfung Sozialversicherungsrecht, gute Kenntnisse im Arbeits- und Tarifrecht sowie in der Lohn- und Gehaltsbuchhaltung.
Landesstelle f. Arbeitsvermittlung, 2 Hamburg 1. **LB 50/610**

EDV-Organisator
34 J., verh., **sucht neue Tätigkeit als Organisator, Chefprogrammierer, Leiter eines Rechenzentrums oder auch als Systemanalytiker, mögl. in Nordbaden-Nordwürttemberg.** Langj. Berufserfahrung und umfassende Kenntnisse in Organisation, Programmierung kfm. Probleme (speziell Versandhaus) in ASSEMBLER und CO-BOL, Band und Platte sowie Bildschirm. Leitung eines Rechenzentrums.
Landesstelle f. Arbeitsvermittlung, 7 Stuttgart 1. **LD 50/710**

68

Diplom-Übersetzer

31 J., verh., Gießen, **sucht Tätigkeit als Übersetzer für Englisch und Spanisch in Handel, Industrie, Bank- od. Versicherungsgewerbe, möglichst in Mittelhessen/Frankfurter Raum, ab 1.4.74.** Diplom Germersheim, EDV-Grundausbildung, jederzeit als EDV-Übersetzer beschäftigt; bevorzugte Fachgebiete: Wirtschaft, Recht, Technik.

ZAV 15.10–50/831
6 Frankfurt 1, Feuerbachstr. 42

ANSCHRIFTEN

Zentralstelle für Arbeitsvermittlung (ZAV)

6 Frankfurt 1, Feuerbachstraße 42
Telefon 0611 / 7 11 11, FS 04 11 632

Landesstellen für Arbeitsvermittlung

2 Hamburg 1, Kurt-Schumacher-Allee 16
Telefon 040 / 24 84 44 08, FS 21 63 213

3 Hannover, Altenbekener Damm 82
Telefon 0511 / 8 00 41, FS 9 22 722

4 Düsseldorf 1, Josef-Gockeln-Straße 7
Telefon 0211 / 4 30 61, FS 8 584 633

6 Frankfurt 1, Feuerbachstraße 44
Telefon 0611 / 7 12 21, FS 04 11 601

7 Stuttgart 1, Dillmannstraße 7b
Telefon 0711 / 2 08 81, FS 07 23 404

85 Nürnberg, Regensburger Straße 100
Telefon 0911 / 171, FS 06 22 142

8 München 2, Lindwurmstraße 117/I
Telefon 089 / 77 80 11, FS 5 215 695

Arbeitsamt IV Berlin (West)

1 Berlin 61, Charlottenstraße 90–94
Telefon 030 / 25 90 11, FS 01 83 529

Zentrale und Internationale Fachvermittlungsstelle für Hotel- und Gaststättenpersonal (ZIHOGA)

6 Frankfurt 1, Feuerbachstraße 42
Telefon 0611 / 7 11 11, FS 04 11 632

Stellenangebote

Natürlich muß der Arbeitsuchende auch die Stellenangebote in den Zeitungen lesen. Hier ein Beispiel für ein solches Angebot:

FREMDSPRACHEN TÄGLICH ANWENDEN

AUDIO-TYPIST

AUDIOTIPISTA

AUDIO-DACTYLO

FONODATTILOGRAFA

PHONOTYPISTIN

Aufgabengebiet:
Technische und kaufmännische Texte rasch und richtig schreiben.
Qualifikation:
Sprachen Europas — je mehr, desto besser.
Dotierung:
Leistungsgerechte Bezüge und vorbildliche soziale Leistungen.
Weitere Vorteile:
Möglichkeit der Kenntniserweiterung und Mitarbeit im firmeneigenen Sprachlabor; gleitende Arbeitszeit.

Lurgi ist eine Gruppe von Ingenieurunternehmen. Ingenieure,
Richten Sie bitte Ihre schriftliche Bewerbung (Kennzeichen LV/PS) an die Personalabteilung oder rufen Sie einfach Herrn Wolff an. Tel. 0611/157-3656

Chemiker, Physiker planen und bauen großtechnische Industrieanlagen in Europa und Übersee, Kaufleute sorgen für Finanzierung, Einkauf, Vertragswesen, Verwaltung usw. Dazu brauchen wir natürlich auch Fachkräfte wie Sie.

Vereinbaren Sie einen Termin, prüfen Sie unser Angebot — und dann vergleichen Sie....

Lurgi
der interessante
Arbeitsplatz

Lurgi-Gesellschaften: Personalabteilung · D-6 Frankfurt/Main · Leerbachstraße 72 · Telefon 0611/1571 · Amsterdam · Bruxelles · Johannesburg · London · Madrid · Melbourne · Mexico D.F. · Milano · New Delhi · New York · Paris · Stockholm · Tokyo · Toronto · Wien · Zürich ·

Klaus Adler/Benno Steffens

Deutsch für die Mittelstufe

Band 1

Der Lehrgang besteht aus:

Texte und Übungen
260 Seiten, mit Abbildungen, kart., Hueber-Nr. 1226

Dazu in Vorbereitung:

Arbeitsheft. Übungen zum Hörverständnis und zur Schreibfertigkeit
Hueber-Nr. 2.1226

Lösungskontrollheft
(Lösungen und Transkriptionen)
Hueber-Nr. 3.1226

Lehrerheft
Hueber-Nr. 4.1226

Tonband
(Aufnahme der Lektionstexte, der Hörverständnisvorlagen und der Diktate)
Hueber-Nr. 5.1226

Dieses Unterrichtswerk baut — unabhängig von einem bestimmten Grundstufen-Lehrbuch — auf bereits erworbenen Grundkenntnissen der deutschen Sprache auf. In erster Linie für den Klassenunterricht konzipiert, eignet es sich doch auch weitgehend für das selbständige Lernen.

Für den Spracherwerb wurden authentische Texte herangezogen: Zeitungsartikel, Berichte, Interviews, Geschäftsbriefe, Anrufe usw. sowie Hörvorlagen unterschiedlichen Inhalts.

Dieses Textmaterial haben die Autoren verschiedenen unterrichtlichen Übungsbereichen zugeordnet.

 Max Hueber Verlag

Rüdiger Renner/Rudolf Sachs

Wirtschaftssprache Englisch/Deutsch · Deutsch/Englisch

Systematische Terminologie und alphabetisches Wörterbuch mit Übersetzungsübungen

3., völlig neu bearbeitete Auflage, 543 Seiten, Linson, Hueber-Nr. 6201

Schlüssel zu den Übersetzungsübungen, Hueber-Nr. 2.6201

Günther Haensch/Rüdiger Renner

Wirtschaftssprache Französisch/Deutsch · Deutsch/Französisch

Systematischer Wortschatz mit Übersetzungsübungen und alphabetischen Registern

4., völlig neu bearbeitete und erweiterte Auflage, 539 Seiten, Linson, Hueber-Nr. 6202

Günther Haensch/Francisco López Casero

Wirtschaftssprache Spanisch/Deutsch · Deutsch/Spanisch

Systematischer Wortschatz mit Übersetzungsübungen und alphabetischen Registern

2., völlig neu bearbeitete und erweiterte Auflage, 483 Seiten, Linson, Hueber-Nr. 6203

Nikolai Grischin/Günther Haensch/Rüdiger Renner

Wirtschaftssprache Russisch/Deutsch · Deutsch/Russisch

Systematischer Wortschatz mit Übersetzungsübungen und alphabetischem Wörterbuch

480 Seiten, Linson, Hueber-Nr. 6207

Jedem Sachkapitel mit dem entsprechenden Wortschatz und der Phraseologie schließen sich deutsch- und fremdsprachige Übersetzungsübungen an. Die Bände eignen sich für Studenten der Wirtschaftswissenschaft, Außenhandelskaufleute und Fachübersetzer.

 Max Hueber Verlag